Ilse E. Plattner
Sei faul und guter Dinge

Ilse E. Plattner

Sei faul
und guter Dinge

Vom Sinn
und Unsinn des
Erfolgsstrebens

KNAUR

Copyright © 2000 bei Droemersche Verlagsanstalt
Th. Knaur Nachf., München
Alle Rechte vorbehalten. Das Werk darf – auch teilweise –
nur mit Genehmigung des Verlages wiedergegeben werden.
Redaktion: Ralph Thoms
Umschlaggestaltung: ZERO, Werbeagentur
Umschlagabbildung: Superbild, Grünwald
Gestaltung und Herstellung: Josef Gall, Geretsried
Satz: Ventura Publisher im Verlag
Druck und Bindung: Clausen & Bosse, Leck
Printed in Germany
ISBN 3-426-66629-4

2 4 5 3 1

Inhalt

Kapitel 1

Sind Sie erfolgreich?

Haben Sie dieses Buch gekauft, weil das Thema Erfolg Sie interessiert? Und Sie haben wenig Zeit? Dann sparen wir uns die Einleitung und kommen gleich zur wesentlichen Frage: Sind Sie wirklich erfolgreich, und damit zusammenhängend, lohnt es sich für Sie, dieses Buch zu lesen?
Bei der Beantwortung dieser beiden Fragen vertrauen Sie am besten dem folgenden Erfolgstest. Kreuzen Sie spontan jeweils eine Antwortmöglichkeit an!

Welche Kleiderfarben tragen Sie
am häufigsten?

Schwarz.	1	❏
Grau.	1	❏
Dunkelblau.	1	❏
Kräftiges Gelb.	3	❏
Kräftiges Orange.	3	❏
Nichts von alledem.	2	❏

Punkte _____

Sie sind zu einem Assessment-
Center eingeladen.
Gehen Sie hin?

Selbstverständlich.	1	❑
Ich weiß es nicht.	2	❑
Auf keinen Fall.	3	❑
Ich weiß nicht,		
was ein Assessment-Center ist.	3	❑

Haben Sie schon mal überlegt,
zu den Besten zu gehören?

Ja, oft.	1	❑
Manchmal.	2	❑
Nein.	3	❑

Sollten Sie noch mehr Geld haben?

Ja, unbedingt.	1	❑
Ich weiß es nicht.	2	❑
Nein, es reicht.	3	❑

Ihr Kollege wird befördert.
Sind Sie neidisch?

Selbstverständlich.	1	❑
Ich weiß es nicht.	2	❑
Keinesfalls.	3	❑

Punkte _____

Ein typisches Erfolgsgefühl ist:

Das Glücksgefühl.	1 ❏
Die Angst, etwas nicht zu schaffen.	2 ❏
Nichts von alledem.	3 ❏

*Wenn Sie an Ihrem beruflichen
Können zweifeln, sagen Sie sich dann,
»ich bin gut«, »ich werde es schaffen«?*

Ja, immer.	1 ❏
Manchmal.	2 ❏
Nie.	3 ❏

Haben Sie ein Vorbild?

Selbstverständlich.	1 ❏
Ich bin mir nicht sicher.	2 ❏
Nein.	3 ❏

*Sie erhalten die Gelegenheit,
an einem exklusiven Seminar für
Führungskräfte teilzunehmen.
Gehen Sie hin?*

Selbstverständlich.	1 ❏
Ich weiß es nicht.	2 ❏
Ich bin keine Führungskraft	3 ❏

Punkte _____

Wem verdanken Sie hauptsächlich,
was Sie bisher beruflich erreicht haben?

Dem Zufall.	1	❏
Einem Mentor.	1	❏
Mir selbst.	3	❏
Nichts von alledem.	2	❏

Sollte eine Karrierefrau verheiratet sein?

Besser nicht.	1	❏
Es kommt drauf an.	2	❏
Unbedingt.	3	❏

Haben Sie bei der Arbeit Stress?

Sehr viel.	1	❏
Manchmal.	2	❏
Selten bis nie.	3	❏

Gehen Sie ins Fitnesscenter?

Regelmäßig.	1	❏
Manchmal.	2	❏
Nie.	3	❏

Achten Sie auf die »schlanke Linie«?

Selbstverständlich.	1	❏
Hin und wieder.	2	❏
Nie.	3	❏

Punkte _____

Wenn Sie nachts nicht schlafen können,
denken Sie dann an die Arbeit?

Jedesmal.	1	❏
Manchmal.	2	❏
Nie.	3	❏

Sie haben Grippe.
Ihr Vorgesetzter empfiehlt Ihnen,
sich für eine Woche krankschreiben
zu lassen. Tun Sie es?

Nein, nicht wegen einer Grippe.	1	❏
Ich weiß es nicht.	2	❏
Ja, sofort.	3	❏

Lieben Sie Ihre Arbeit?

Ja, sehr.	1	❏
Ich bin mir nicht sicher.	2	❏
Nein.	3	❏

Sollten Sie noch mehr für Ihre
Selbstverwirklichung tun?

In jedem Fall.	1	❏
Ich weiß es nicht.	2	❏
Nein.	3	❏

Punkte _____

*Sie lernen jemanden auf einer Party
kennen. Was fragen Sie als erstes?*

»Was machst Du?«	1	❏
»Gefällt Ihnen die Party?«	2	❏
»Wollen wir tanzen?«	3	❏

*Ihr Chef ist guter Laune.
Er lädt Sie zu einem edlen Kognak
ein. Sie haben noch einen Kater
von gestern. Nehmen Sie an?*

Selbstverständlich.	1	❏
Ich weiß es nicht.	2	❏
Ich lehne dankend ab.	3	❏

Punkte _____

Gesamtpunkte _____

Zählen Sie nun Ihre Punkte zusammen. Ihr Erfolgsprofil finden Sie in einer der drei folgenden Kategorien. Neugier schadet nicht: Lesen Sie ruhig auch die beiden verbliebenen Profile!

Die Auswertung

20–32 Punkte: Ihr Pech! Sie haben Erfolg und werden sich in Zukunft höchstwahrscheinlich mit weiteren Erfolgserlebnissen herumschlagen müssen.

33–47 Punkte: Aufpassen! Sie könnten durchaus Karriere machen, sind aber noch unentschlossen. Bedenken Sie, dass Sie auch die Möglichkeit haben, sich vor dem Erfolg zu hüten und ein bequemes Leben zu führen.

48–60 Punkte: Gratuliere! Sie haben es ganz offensichtlich geschafft, dem Erfolg zu entkommen. Sie sind nicht wie viele andere und das ist gut so. Machen Sie weiter so!

Überrascht? Das passt doch gar nicht in Ihr Weltbild, oder? Dieser Test wertet den Erfolg ab, rät Ihnen gar, sich vom Erfolg fern zu halten. Wenn Sie das irritiert, ist das verständlich. Wer hat nicht von klein auf gelernt, dass wir uns anstrengen und etwas leisten sollen. Nur dafür gebühre uns dann Anerkennung und Ansehen. Wer Erfolg hat und berufliche Karriere macht, wird ein schönes Leben haben, davon sind viele überzeugt. Selbstverständlich, so glauben auch viele, müsste man aber erst einmal hart arbeiten und so manche Bedürfnisse nach Freizeit und Nichtstun hintanstellen.
Die Frage stellt sich allerdings, wer wohl besser lebt? Jemand, der zwölf bis 16 Stunden täglich arbeitet, so wie zu Beginn der Industrialisierung, oder jemand, der nur das Nötigste tut und froh ist, früh das Büro zu verlassen, und sich darauf freut, den Abend mit sich allein, mit den Kindern, Lebenspartner/in, Freundinnen und Freunden zu verbringen?

Wer lebt glücklicher? Diejenigen, die stets origineller, angesehener, beliebter, reicher, mächtiger sein und es noch weit im Leben bringen wollen? Oder diejenigen, denen das, was sie bereits erreicht haben, genug und ein weiteres Stück auf der Karriereleiter nicht mehr wichtig ist?

Wer hat mehr Courage? Diejenigen, die sich den Herausforderungen der Erfolgswelt stellen, um zu erkennen, zu was allem sie fähig sind? Oder diejenigen, die das Streben nach Erfolg gegen ein stressfreies Leben eintauschen und der Bequemlichkeit den Vorzug geben? Sind Sie der Meinung, die Menschen mit der nicht auf Erfolg ausgerichteten Vision haben es gut getroffen? Sind Sie vielleicht sogar neidisch auf sie? Wenn ja, dann stimmt höchstwahrscheinlich etwas nicht mit Ihrem derzeitigen Leben. Könnte es wohl sein, dass Sie in die »Mühlen« des Erfolgs geraten sind und, ganz so wie der Hamster aus seinem Laufrad, nicht mehr herauskommen? Wenn dies für Sie zutrifft, kann ich Ihnen zurufen: Willkommen! Willkommen in diesem Buch! Denn hier geht es um die alles entscheidende Frage: Was hindert Sie, so zu leben, dass es Ihnen wirklich gut geht, und was lässt sich tun, um dieses Ziel zu erreichen?

Willkommen aber auch alle anderen Leser/innen! Wenn Sie sich dem Erfolgsstreben bereits entzogen haben und die Annehmlichkeiten eines Lebens ohne viel Aufwand genießen, dann ist dieses Buch auch für Sie das Richtige. Denn was gibt es Schöneres, als sich seine Lebensweise sozusagen offiziell bestätigen und »absegnen« zu lassen?

Gehören Sie aber zu jenen, für die der Erfolg das Beste und Wichtigste und Erstrebenswerteste im Leben ist, brauchen Sie ebenfalls nicht zu verzagen, auch dann können Sie dieses Buch lesen! Sie werden zu neuen Erkenntnissen gelangen, die Ihnen bisher noch verborgen sind. Sie haben ein Recht darauf, über die Hintergründe des Erfolgs informiert zu werden – im Wissens- und Informationszeitalter eine wichtige Voraussetzung dafür, den Anschluss nicht zu verpassen, als erfolgreicher Mensch ebenso wie als nicht erfolgreicher!

Kapitel 2

Der Erfolg trägt
Grau und Schwarz

Lassen Sie es mich sehr direkt sagen: Um die psychische Befindlichkeit vieler Erfolgs- und Karrieremenschen ist es nicht gut bestellt. Das tragen sie ganz offen zur Schau, auch wenn sich höchstwahrscheinlich nur wenige dessen bewusst sind.

Momentaufnahmen
aus der Welt der Erfolgreichen

Dienstagmorgen, 6 Uhr 30 in der Abflughalle am Münchner Flughafen: Überwiegend Männer, unterwegs zum Business. In schwarzen, grauen, manche auch in braunen Anzügen sitzen sie herum, in sich gekehrt, die FAZ, die Financial Times, überraschend viele die BILD-Zeitung in den Händen. Nur wenige sprechen miteinander. Es herrscht eine ernst-wichtige Atmosphäre vor.

Mittwochvormittag, im Empfang einer renommierten Unternehmensberatungsfirma: Geschäftige Männer und Frauen in schwarzen oder dunkelgrauen Anzügen bzw. Kostümen eilen schnellen Schrittes hin und her; mit ernsten, vorwärts gerichteten Blicken sind sie auf dem Weg zu Besprechungen, zum Büro eines Kollegen, zurück zum eigenen Zimmer, zum Kopierer oder zum Aufzug.

Donnerstagnachmittag, in einem angesehenen Designerbüro für grafische Gestaltung: Drei junge Frauen, von Kopf bis Fuß in Schwarz, lediglich massiver Silberschmuck unterbricht das Gesamtbild, wirken sehr gestresst. Im Nebenraum diskutieren zwei Männer, beide in schwarzen Hosen aus edlem Tuch, der eine mit schwarzem Stehkragenhemd, der andere mit schwarzem Hemd und schwarzweiß gepunkteter Krawatte.

Freitag, während der Mittagszeit, beim Nobelcoiffeur: Frauen sitzen in schwarzen, eklig am Gesäß festklebenden Kunstledersitzen, eingehüllt in Umhänge aus schwarzem Polyestersatin. Hektisches Treiben. Coiffeure und Coiffeusen – alle in Schwarz – begleiten die Kundinnen zum Waschbecken, bringen ihnen den Sherry, müssen kurz zum Telefon, holen aus dem Regal die Präparate der Beauty-Styling-Serie, suchen den Föhn.

Samstagabend, Party bei Hugo, einem in der Szene bekannten Bildhauer: Auffällig viele Frauen tragen kurze, weit schwingende Kleider in Schwarz. Die Männer sind eher leger gekleidet, in schwarzen Jeans und Rollkragenpullovern oder lässig verknitterten Leinenjacketts aus dunklem Anthrazit. Einer trägt ein knallrotes Hemd; man muss ihn unweigerlich ansehen.

Sonntag, elf Uhr, im Hilton-Hotel, beim Brunch:

Draußen scheint die Sonne. Männer in Anzügen oder im eleganten Freizeitlook, dunkle Farbtöne, vielfach in Braun oder Dunkelblau gehalten. Frauen in gediegener und schicker Kleidung, meist in Schwarz oder Dunkelblau. An einem großen runden Tisch zwei Herren in weißen Kaftans, drei Frauen in schwarzen Tschadors, dazu einige kleine Kinder in bunten Jogginganzügen, die um den Tisch laufen und Fangen spielen. Am Tisch links hinten ein Ehepaar, zusammen mit einer Klosterschwester in schwarzer Tracht.

Abschließend ein Montagmorgen, 7 Uhr 15, in der U-Bahn: Der Wagon ist brechend voll, die Massen der Bevölkerung auf dem Weg zur Arbeit. Mit müden, abgespannten Gesichtern vor sich hinstarrend und mit eingefurchten Falten um die herabhängenden Mundwinkel sitzen oder stehen sie da. Eine Frau trägt einen kräftig gelben Mantel. Sie scheint nicht dazuzugehören. Die anderen in eher dunkler Kleidung.

Was ist los mit all diesen Menschen? Umgeben von so viel Schwarz – wird das niemandem zu viel? Aber der Erfolg kleidet sich ganz offensichtlich in Schwarz und Grau, Braun und Dunkelblau, manchmal auch Weiß. Was, zum Teufel, haben diese Farben nur mit Erfolg zu tun?

Die Farben des Erfolgs

Aus der Farbpsychologie wissen wir, dass dunkle Farben Schwere und Tiefe zum Ausdruck bringen und etwas Bedrückendes an sich haben.[1] Sie signalisieren eine

Last. Genau das ist es, was erfolgreiche Menschen zu bewältigen haben: schwere Lasten. Die Last der Verantwortung, der Macht, der Zielvorgaben, der Entscheidungen, der richtigen Geldanlage, der vielen Arbeit, die tagtäglich mit enormem Zeitaufwand und unter ständigem Zeitdruck erledigt werden muss. So gesehen scheint dunkle Kleidung für Erfolgsuchende durchaus passend.

Den von erfolgreichen Menschen so bevorzugten dunklen Kleiderfarben fehlt die Freude, der Spaß und die Wärme, letztendlich das Leben. Und das, obwohl vom Empfinden her die Schaffenskraft, die dem Erfolg vorangeht, und die Annehmlichkeiten, die man sich von dem einmal erreichten Erfolg erwartet, mit ganz anderen Farben in Verbindung gebracht werden.

Bei meinen Befragungen zum Thema Erfolg bin ich auf Überraschendes gestoßen. Ich wollte unter anderem wissen, welche *Farben* die Befragten mit Erfolg verbinden. Übereinstimmend schien dieser durch helle, starke und leuchtende Farben gekennzeichnet: Grün, Rot, Pink und Orange wurden als die Farben des Erfolgs identifiziert und ohne Ausnahme nannten alle das *Gelb*. Beatrix, eine 35-jährige Universitätsdozentin mit starken Erfolgsambitionen antwortete spontan mit freudiger und kräftiger Stimme: »Starke Farben, Orange! Wobei Orange mir nicht gefällt, doch ... (sie überlegt) ... Grau und Schwarz – ne, das geht eigentlich nicht. So schöne leuchtende Farben sind es, zum Beispiel ein knalliges Gelb!«

Gelb ist kommunikativ und heiter und verbreitet ein warmes, sonniges Gefühl. Gelb hat Ausstrahlung. Wohl deshalb wird Erfolg damit assoziiert, verspricht er doch ein schönes Leben. Auch Leichtigkeit gehört zum Gelb. Farbpsychologische Experimente zeigen, dass Gelb die Motorik anregt und Bewegung schafft, es hält wach und weckt die Bereitschaft, neue Dinge (kennen) lernen zu wollen. Orange ist noch wärmer, lebhafter und kraftvoller und steht ebenfalls für Kommunikation und Kontakt. Es ist eine ausgesprochen extrovertierte Farbe. Bei Orange entsteht der Eindruck, es würde auf einen zukommen. Orange signalisiert Antriebskraft sowie das Bedürfnis, an etwas teilhaben zu wollen. Orange wie auch Gelb scheinen demnach ganz und gar Erfolg zu symbolisieren. Denn das Streben nach Erfolg braucht Schaffenskraft, Engagement, Anteilnahme und vor allem Kontakte.

Warum also nur kleiden sich so viele, die erfolgreich sind oder es noch werden wollen, in Schwarz und anderen dunklen Farben, warum sieht man sie so gut wie nie in Gelb oder Orange?

Liegt es an den Karriereratgebern, die stets empfehlen, sich nicht auffälligen, sondern eher dezenten, zurückhaltenden Farben zuzuwenden, und damit alle, die sich daran halten, in eine nahezu schizophrene Situation bringen? Einerseits ist man gefordert, kreativ zu sein, und soll mit viel Energieeinsatz zeigen, zu welchen Leistungen man sich aufschwingen kann. Andererseits wird erwartet, durch dunkle, dezente Kleiderfarben die eigene Persönlichkeit zurückzunehmen und Zurückhaltung zu üben.

Oder ist dieses Dunkle ein Diktat der »Mode«? »Mode« kann ja durchaus auch als Ausdruck der jeweiligen gesellschaftlichen Zustände betrachtet werden. Und da steht es, was Lebenszufriedenheit, Glücklichsein, Ungezwungenheit, Spaß und Erholung betrifft, nicht gerade zum Besten. Nicht nur die hohen Arbeitslosenzahlen, für alle eine potenzielle Bedrohung der Karriere, verunsichern. Auch der Zwang, unter allen Umständen etwas für den eigenen Erfolg tun zu müssen und nie mit dem Erreichten zufrieden zu sein, erfordert, auf viele angenehme Seiten des Lebens zu verzichten. »Tu was für den

Erfolg und halt dich nicht mit dem Leben auf!«, heißt die Devise. Viele wüssten aber auch gar nicht, was sie mit sich anfangen sollten, wäre da nicht der Erfolg als Lebensziel. Genau genommen leben sie kaum wirklich. Sie sind sich selbst immer Jahre voraus, in einer Zukunft, die sie zwar geplant haben, die aber noch gar nicht ist. Das Leben im Hier und Jetzt, mit allen seinen Freuden, Annehmlichkeiten und Lüsten, entgeht ihnen.

Schwarz ist schick

Ist Ihnen dies alles etwas zu düster gemalt und der Bezug zur Kleidung zu weit hergeholt? Sicher sagen Sie: »So ist das nun auch wieder nicht mit dem Schwarz. Schwarz ist einfach eine schicke Farbe.« Und Sie haben Recht damit. Schwarz gilt als schick und fein, weil es das Besondere symbolisiert. Zwar wechselt die »Mode« jedes Jahr die Farben, doch die Nummer eins ist und bleibt das Schwarz. Vor allem für diejenigen ganz »oben«. Die bunten Farben überlässt man bereitwillig denen, die sich mit Mittelmäßigkeit zufrieden geben – an königlichen Höfen des 15. und 16. Jahrhunderts wurde Schwarz als Kleiderfarbe eingeführt, um sich vom »bunten Volk« abzugrenzen.

Im Schwarzen drückt sich Abgrenzung aus. Dies erklärt die Vorliebe für Schwarz gerade unter den Karrierist/inn/en, von denen sich viele als etwas Besonderes sehen. Längst jedoch sind schwarze Klamotten, ob im eleganten Designerstil, im streng wirkenden Businessdress, im lässigen Gammlerlook oder im Protest-Outfit Jugendlicher, zur Uniform geworden. Ohne dass es überhaupt bemerkt wird, machen sich alle Schwarz-Träger gleich. Die Dame im kräftig gelben Mantel stellt da schon eher etwas Besonderes dar.

Mit Schwarz nimmt man sich zurück, das wirkt bei Frauen genauso wie bei Männern. In vielen islamischen Ländern sind Frauen aufgefordert, sich nur in Schwarz in der Öffentlichkeit zu zeigen. Nicht auffallen, im Hintergrund bleiben ist erklärte Absicht. Ihre westlichen Schwestern bedauern sie dafür, ohne zu bedenken, dass sie keineswegs viel anderes tun und sich von hiesigen Klosterschwestern nur geringfügig unterscheiden. Selbst die erfolgreiche Frau, die viel Bein, Dekolleté und weibliche Formen zeigt, wird im »kleinen Schwarzen« immer eine Spur weniger präsent sein als eine Frau im »kleinen Orangefarbenen« oder »Gelben«.

Die herausragende Stellung der Farbe Schwarz in der Welt des Erfolgs bringt unter farbpsychologischer Betrachtung Interessantes zu Tage. Schwarz symbolisiert eine gewisse »Urangst« des Menschen. Von »schwarzen Mächten« war früher die Rede. Wer sich heute dem Erfolg verschrieben hat, hat den Pakt mit dem Teufel schon geschlossen. Denn trotz aller glänzenden Aussichten und Versprechungen macht der Erfolg Angst. Im Falle eines Fehltritts laufen Erfolgreiche schnell Gefahr, das, was sie bereits an Ansehen, Macht und Einfluss erreicht und an persönlichen Reichtümern angeschafft haben, wieder zu verlieren. Je mehr bereits erreicht wurde, umso mehr gibt es zu halten. Wen wundert es, wenn solche Menschen, in regelmäßigen Abständen von Albträumen des freien Falls geplagt, schweißgebadet erwachen und dann lieber in einen schwarzen Anzug steigen anstatt in einen hellen, gelbtönigen – bewahrt er einen doch davor, zu sehr aufzufallen, und hilft, die innere Unruhe, Nervosität und Gereiztheit besser zu verbergen.

Schwarz verweist auch auf Zwänge sowie auf ein Überdrussgefühl. Ebenfalls ein Grund, warum erfolgsorientierte Frauen und Männer so gerne zu Schwarz greifen.

Viele Menschen sind sich dessen, was sie erreicht haben, bald überdrüssig. Schnell kommt das Gefühl auf, »auf der Stelle zu treten«. Fast mechanistisch führt dies zu einem inneren Zwang, immer weiter zu kommen. Noch mehr erreichen ist die Prämisse, auch dann, wenn bereits viel geschafft wurde. Immer in Bewegung bleiben, um sein »Gesicht« nicht zu verlieren. Offensichtlich gibt es kein Zurück mehr. Ein Teufelskreis. Je höher solche Menschen auf der Karriereleiter kommen, umso weniger können sie aussteigen – das bilden sie sich zumindest ein. Wegen des Alters, der so genannten Überqualifikation, weil bereits eine bestimmte Gehaltsstufe erreicht ist, wäre es schwierig, sich auf dem Arbeitsmarkt anderweitig umzutun. Das mag sein. Doch oft dienen solche Argumente lediglich dazu, den gewohnten Trott nicht durchbrechen zu müssen. Als ob sich nicht auch eine Stelle für weniger Geld annehmen ließe, als ob man nicht auch einen Job machen könnte, der nur einen Teil der eigenen Qualifikation erfordert. Als ob man sich nicht einfach mit dem Erreichten zufrieden geben könnte, um die verbliebenen Kräfte im privaten Umfeld auszuleben.

Schwarz ist eine Farbe, die sich vom Leben abwendet. Wenn einem »schwarz vor Augen wird«, sieht man nichts mehr. Schwarz hat mit Lichtlosigkeit zu tun. Zwar meinen die Erfolgsorientierten, zumindest am Horizont ein Licht zu erblicken. Auf dem Weg dorthin entgeht ihnen jedoch vieles von der Buntheit und den Freuden, die das Leben zu bieten hätte. Vor ihrem geistigen Auge herrscht das Bild der erfolgreichen Karrierefrau oder des umworbenen Karrieremannes. Den damit verbundenen Stress nehmen sie in Kauf, gehen sie doch davon aus, stattdessen später, wann immer das sein wird, ein besseres Leben führen zu können.

Weiß – das andere Schwarz

Weiß gehört wie Schwarz zu den Symbolfarben für das Jenseits. Weiß ist die Farbe des Nirvana, in dem es keinen Anlass mehr für Wünsche gibt, in dem man befreit ist von allen irdischen Sorgen. In TV-Seifenopern sind die reichen Ehefrauen von erfolgreichen Männern oft in weißen Hosenanzügen oder weißen schwingenden Cocktailkleidern dargestellt: Ein Leben, in dem man alles hat, in dem alle Wünsche erfüllt sind.

Weiß ist eine kalte und unnahbare Farbe. Und so wirken auch jene Erfolgreichen, die sich wegen ihrer Machtfülle und ihres Einflusses von einem Zuviel an Welt glauben abschirmen zu müssen. Aber sind innere Vereinsamung und Leere dann nicht oft die Folge?

Aus Sicht der psychologischen Farbenlehre deutet Weiß auf eine Schein- oder Ersatzwelt hin. Kinder, die bei Farbtests die weiße Farbe bevorzugen, befinden sich oft in einer Art Verwaisung, mit der Folge, sich Spielkamerad/inn/en erfinden zu müssen. Ähnlich auch viele Erfolgreiche – sie leben ebenfalls in einer inneren und äußeren Verwaisung, echte zwischenmenschliche Beziehungen fehlen ihnen.

Weiß ist auch die Farbe des Vergessenwollens. Vielleicht erklärt dies, warum es heute so »in« ist, die Wohnungen ganz in Weiß zu tünchen und einzurichten: Der lange und stressreiche Arbeitstag lässt sich so leichter vergessen. »Weiß ist die schönste Farbe, die es gibt«, verkündete unlängst in einer Frauenzeitschrift eine Innenarchitektin, unterstützt von einer Fotoserie über eine ganz in Weiß gehaltene Wohnung. Die Sterilität, die dabei zum Ausdruck kam, wirkte nur noch leblos.

Kurzzeitige Ausbrüche aus der Scheinwelt gelingen den Vertretern von Schwarz und Weiß gewöhnlich dann, wenn sie ferne Länder bereisen und dort begierig nach farbenprächtigen Stoffen, Tüchern und Teppichen greifen. Fern der Arbeit und des Erfolgs erwacht der Drang zum bunten Leben wieder; daheim aber verschwinden die Sachen sehr bald in den weißen oder schwarzen Schränken.

Grau – nur eine Ablenkung?

Schwarz und Weiß gemischt ergibt Grau. Im Grau suchen Erfolgsorientierte oft ihre Abwechslung zum Schwarz. Ob »Mausgrau« oder »Steingrau« – keiner hat die Tragik des Graus besser karikiert als Loriot in seinem Stück »Ödipussi«. Grau verdrängt das Leben, das meint auch die alte Volksweisheit »Grau ist alle Theorie« – weil in der Abstraktion die lebendige Fülle kaum mehr aufscheint. Ein dunkles Grau wirkt bedrohlich, es ist dem Schwarzen nahe. Ein mittleres Grau wirkt langweilig, weil es zu »ruhig« ist. Gerade dieses Grau aber könnte die innere Unruhe kaschieren, unter der Erfolgsgestresste gewöhnlich leiden.

In der Gestaltung von Räumen wirkt Grau besonders langweilig. Viele von uns sitzen tagtäglich in Büros mit grau getönten Schreibtischen, Aktenschränken, Fensterjalousien und Teppichböden, die nach dem Motto »In Grautönen kann nichts passieren« eingerichtet wurden. Hier drückt sich die Abwesenheit von Lebendigkeit drastisch aus. »Draußen« passiert stets etwas, ist es lebhaft, abwechslungsreich und bunt, ganz so wie in der Natur, in der ein reines Grau gar nicht vorkommt.

Lebhafte Menschen mögen kein Grau. Sie scheuen sich nicht, mit bunten und kräftigen Farben in die Welt zu treten – obwohl dazu heute schon Mut gehört. Ein südafrikanisches Ehepaar fuhr in Berlin mit der U-Bahn und wunderte sich, warum alle Menschen den Mann so anstarrten. Irgendwann begriffen beide, woran es lag: Der Mann trug ein Geschenk seiner Frau, einen Regenmantel in kräftig bunten Farben. Für eine Stadt wie Berlin schien das zu viel des Bunten. Er zog ihn aus und die Gafferei war zu Ende.

Menschen, die Grau bevorzugen, wollen »nicht Farbe bekennen«. Sie wollen sich nicht zu erkennen geben, sind zurückhaltend. Insofern ist auch Grau eine angemessene Farbe für Erfolgsuchende. Vor allem für diejenigen, die an die Spitze wollen. Zu viel an Offenheit, Ehrlichkeit und Natürlichkeit, zu viel an Extrovertiertheit könnte ihrer Karriere schnell ein jähes Ende bereiten. Wir werden uns später noch damit beschäftigen.

Die Variante Dunkelblau oder Braun

Beliebt bei Karrierefrauen und -männern ist auch das Dunkelblau. Während Gelb ausstrahlt, zieht Dunkelblau zusammen – eine Farbe der Schwere. Von der Erde aus erscheint der Weltraum dunkelblau, ein ewiges Zelt. Dunkelblau ist ferner eine Farbe der Tiefe und der Konzentration. Und dies wird erwartet, wenn es darum geht, die Lebensgestaltung primär auf die Karriere hin auszurichten. Alles, was im sonstigen Leben dabei stören könnte, gilt es auszuschalten.

Können Sie sich Lebenslust und Spaß im verhaltenen Dunkelblau vorstellen? Wohl schwerlich. Gleiches gilt für Braun.

Und gerade dieser Farbton ist bei den Repräsentant/inn/en der Wirtschaftswelt beliebt. Braun wird in Verbindung gebracht mit einer stabilen, festen und gesicherten Ökonomie; ist aber auch Ausdruck von Zwang, Versteifung und Widerstand. Erfolgreiche sind gewöhnlich vielen Zwängen ausgesetzt und gerade in der Wirtschaftswelt wird ihnen ein steifes Verhalten abverlangt, um auch so die hierarchischen Strukturen zu bewahren. Und sie müssen viel Kraft aufwenden, gegen die knallharte Konkurrenz draußen ebenso wie gegen jene in den eigenen Reihen.

An sich ist Braun eine gedämpfte Farbe. Im Mittelalter hatte das Braun einen erdigen Charakter, es war die Farbe der Bauern. Aber auch die Bußgewänder waren braun. Was also gilt es zu büßen, wenn man erfolgreich sein will und viel Braun trägt? Etwa Buße, weil man noch nicht genug geleistet hat?

Immer wieder: Violett für die Damen

Eine wirkliche Büßerfarbe ist das Violett. In der christlichen Symbolik steht Violett für Leiden, für Opfer. Aus farbpsychologischer Sicht beinhaltet Violett das sich Verbergende, das Introvertierte. Depressive Menschen wie auch Menschen, die sich als Sonderlinge oder Außenseiter fühlen, wählen bei Farbtests Violett. Und diese Farbe halten die Modezaren in regelmäßigen Abständen für Frauen bereit.

Warum aber erlebt gerade das Violett so oft »Hochkonjunktur« in einer Zeit, in der die Emanzipation der Frau und ihre berufliche Karriere so groß geschrieben sind? Verlangt wird, dass Frauen aus sich herausgehen sollen. Eine derartige Modefarbe schreibt ihnen allerdings vor, sich introvertiert zu geben. Liegt es vielleicht gar an dem vielen Violett, dass Frauen sich so oft in einer Opferrolle sehen und berufliche Möglichkeiten wegen ihres Frauseins vorschnell als aussichtslos einstufen? – Und hier höre ich sie schon, die Argumente: Es sind soziohistorische Faktoren patriarchaler Gesellschaftsstrukturen, die zur Frauenbenachteiligung führen. Und doch behaupte ich: Farben haben ihre Wirkung!

Selbst die Kindermoden werden dem Violett-Diktat unterworfen, obwohl ein Kind selten von sich aus Violett wählen würde. Es entspricht nicht der natürlichen Lebhaftigkeit eines Kindes. Kinder wählen dann Violett, wenn ihnen die nötige Nestwärme oder Ansprache fehlen. Diese aber fehlen vielen erfolgsorientierten Frauen – gänzlich in der Welt der Karriere aufgegangen, sind sie dabei unzufrieden mit sich und ihrem Leben, wohl auch deshalb, weil die Karriere viele von ihnen zum Singledasein verdammt.

Lebt der Erfolg?

Bei so vielen dunklen Farben, die Ängste, Zwänge, Überdruss, Zurückhaltung, Langeweile, Leiden, Schwere, Steifheit, Widerstand und Buße ausdrücken, stellt sich unwillkürlich die Frage, ob die Farbvorschriften der »Mode« das Wohlbefinden beeinflussen oder ob es das anstrengende Leben ist, das Erfolgreiche zu Farben greifen lässt, die ihrem psychischen Zustand angemessen sind? Wahrscheinlich trifft beides zu.

Aus eigener Erfahrung weiß jede und jeder, dass wir je nach Stimmungslage bestimmte Farben bevorzugen. Wenn wir »mies drauf« sind, dann ist uns nicht nach einem Pullover in saftigem Gelb oder Orange zu Mute. Es würde uns sicherlich nicht gut zu Gesichte stehen. Eher schon zieht es uns zu Grau und Schwarz, vielleicht noch zu einem dunklen Blau oder Violett. Heißt das nun, dass all die Erfolgreichen und Erfolgsuchenden sich schlecht fühlen, wenn sie sich bevorzugt in solchen

Farben kleiden? Der Verdacht liegt nahe. Die Farben der »Erfolgsmode« bringen zum Ausdruck, dass die »Schönheiten«, die uns versprochen werden, ganz im Gegensatz zu den Realitäten stehen. Viele abgespannte, müde, ausgelaugte Gesichter mit auffällig herabhängenden Mundwinkeln, die wir in öffentlichen Räumen wie U-Bahnen, Flughäfen oder im Autoverkehr antreffen, bestätigen dies. Dort können alle, ob erfolgreich oder nicht, ganz sie selbst sein und müssen keine Rolle spielen. Sie können sich ganz ihrem Befinden hingeben.

Gedankenspiel

Stellen Sie sich vor, *Sie arbeiten in einem Büro, in das Sie jeden Tag gerne gehen. Wie es wohl aussähe? Wären die Wände in einem leichten, warmen Gelb getüncht, orangefarbene Gardinen zierten die Fenster?*
Sie fühlen sich innerlich ausgeglichen und tragen am liebsten helle Kleidung in klaren, kräftigen Farben. Auch Ihre Kolleg/inn/en und Vorgesetzten sind in solchen Farben gekleidet. Lebendigkeit strahlen alle aus und Sie leben mit. Spaß kommt oft auf, weil alle gut gelaunt sind und sich mit Freude und Begeisterung ihre kleinen Alltagserlebnisse erzählen. Es gibt kaum zynische, verletzende und verachtende Äußerungen. Der Blick in die Gesichter der Menschen, die von den leuchtenden Farben ihrer Kleidung aufgehellt sind, gibt Ihnen Kraft und Stärke. Ihre Aufgaben machen Ihnen Spaß. Die Menschen strahlen Sie an, und Sie strahlen zurück. Nie müssen Sie sich eine »Uniform« anziehen, sondern kön-

nen stets als die Person auftreten, die Sie sind. In
Gesprächen sprudeln neue Ideen nur so heraus.
Spontan können Sie sein, Ihre Gesprächspartner/
innen sind es auch. Sie fühlen sich ganz Sie selbst,
voller Leben und rundum wohl dabei.

Kommt bereits gute Laune auf, während Sie das lesen?
Oder finden Sie's unrealistisch? Wahrscheinlich denken
Sie: »So edel und gut sind die Menschen nicht, auch
wenn sie sich farblich anders kleiden würden.« Recht
haben Sie! Und doch stellt sich die Frage, ob eine solche
Welt nicht machbar wäre.
Sicher sind es nicht lediglich die Farben, die allein Lebenszufriedenheit verschaffen. Vieles müsste sich ändern, um den Stress und die vielen Gründe der Unzufriedenheit in der Arbeit abzubauen und eine freudige
Lebenseinstellung zu ermöglichen. Darauf werden wir in
den folgenden Kapiteln zu sprechen kommen. Die Erfolgswelt ist eine ausgesprochen *widersprüchliche* Welt,
und das fängt bereits bei der Mode und den Kleidervor-
schriften an, die für Männer noch mehr gelten als für
Frauen. Den Erfolg stellen wir uns in den schönsten
Farben vor, de facto aber sind Erfolgreiche oder solche,
die es werden wollen, eingehüllt und umgeben von Grau
und anderen Farben, die sich von der Buntheit des Lebens abwenden.
Kleiderordnungen sind nur scheinbar fix, sie lassen sich
ändern, wie die Geschichte, auch die Gegenwart, zeigt.
Seitdem beispielsweise Nelson Mandela überwiegend in
bunten Hemden selbst bei wichtigen staatlichen Anlässen zu sehen ist, lassen im südlichen Afrika viele Männer ihre steifen und dunklen Anzüge in den Schränken.
Die Mandela-Style-Hemden stehen ihnen gut. So gekleidet, wirken die »wichtigen Männer« keineswegs mehr so
unnahbar wie in früheren Zeiten und sind es vielleicht

auch nicht mehr. Wo sind bei uns die Vorbilder für neue Kleider- und Farbnormen?

Und nun zu Ihnen: Welche Farbe hat Ihre Kleidung? Und welche Farbe trugen Sie, als Sie sich heute Morgen auf den Weg zur Arbeit gemacht haben? Wie wäre es, wenn Sie sich mal in hellen, kräftigen und ausdrucksstarken Farben versuchen würden? Könnte es sein, dass es Ihnen dann eher gelänge, hin und wieder Nein zu sagen? Oder dass Sie Ihre Vorstellungen in der Firma leichter durchsetzen könnten, weil Sie durch Ihre farblich kräftige Kleidung mehr Präsenz ausstrahlten? Könnte es dann auch sein, dass Sie gegebenenfalls hin und wieder sogar Erfolgsangebote, die Ihnen persönlich gar nicht wichtig sind, ausschlagen und Ihr Leben dadurch schöner werden würde?

Kapitel 3

Der stetige Ruf
des Erfolgs

Das französische Wort »carrière« meint sowohl die schnellste Gangart des Pferdes, den Galopp, als auch die Rennbahn.[2] Viele Begriffe, die sich heutzutage auf die berufliche Karriere beziehen, stammen genau genommen aus dem Pferdesport. Wir sprechen von der beruflichen »Laufbahn«, auf der es gilt, möglichst schnell »vorwärts« zu kommen. Wie beim Pferderennen gibt es die »Starter«, die sich voller Kraft und Energien in die Karriere stürzen. Zusammen mit den Wettstreitern, den konkurrierenden Kolleg/inn/en, »rennen« sie um den Erfolg. Manche bleiben trotz anfänglich guten Vorankommens schließlich dennoch »auf der Strecke«. Disziplin, Ausdauer und ein »langer Atem« sind gefordert von all denen, die das »Rennen« machen wollen, ebenso wie der starke Wille, »es« zu schaffen. Ehrgeiz, Schaffensdrang, Zielstrebigkeit und Durchhaltevermögen gelten als wichtige Voraussetzungen für die Karriere.

Doch während es beim Pferderennen ein festes, abgestecktes Ziel gibt, wird das Ziel der beruflichen Karriere immer aufs Neue nach vorne verschoben. Das bereits

Geschaffte wird zur bloßen »Hürde«, die es erfolgreich zu überwinden galt. Der Mensch eilt im Gegensatz zum Rennpferd immer weiter, ohne Pause, schafft immer neue Hürden (mitunter bricht er aber völlig erschöpft zusammen). Solch ein »Rennen« wird keineswegs negativ gewertet, die Karriere hält einen »auf Trab«, wie man sagt, geistig angeblich ebenso wie im Lebensablauf, bei dem es gilt, keinen Stillstand aufkommen zu lassen.

Einige dieser Hürden stellen die Widersprüche dar, die die Erfolgswelt bereithält. Widersprüche, von denen viele annehmen, sie seien »normal«, sie gehörten dazu.

Um am »Rennen« teilzuhaben, müssen sich viele rigiden Auswahlverfahren unterziehen – beispielsweise dem so genannten Assessment-Center. Für jene, die es bestehen, beginnt dann allerdings meist erst die ganze Misere des Erfolgs- und Karrierestrebens.

Über die Nabelschau zum Erfolg

Heute ist Hans-Peter[3] etwas nervös. Morgen muss er zum Assessment-Center. Er gehört zu denen, die sich um die Geschäftsführerstelle der Filiale des Kreditinstituts beworben haben, in dem er bereits seit Jahren angestellt ist. Hans-Peter weiß: Wer zum Assessment-Center, dem AC, eingeladen ist, steht in der engsten Auswahl. Seine Chancen sind also gut. Er weiß auch: Wenn er es besteht, kann er mit hervorragenden Karriereperspektiven in seinem Unternehmen rechnen. Zweieinhalb Tage wird das Ganze dauern. Zusammen mit anderen Kandidaten und einem Team von Beurteilern wird er sich in einem eleganten Seehotel in Süddeutschland dem AC unterziehen. Sogar beim Mittag- und Abendessen und beim anschließenden Drink an der Bar wird es darauf ankommen, sich richtig zu verhalten. Normalerweise trinkt Hans-Peter hin und wieder gerne ein paar Whiskys, doch dieses Mal wird er sich zurückhalten, um ja nicht die Kontrolle zu verlieren. 38 Jahre ist Hans-Peter jetzt, höchste Zeit, so glaubt er, etwas für seine weitere Karriere zu tun.

Herr Werter von der Personalverwaltung wird einer der Beurteiler sein. Hans-Peter ist froh darüber, hat Herr Werter doch eine hohe Meinung von ihm. Herr Stur gehört ebenfalls dem Beurteilungsteam an. Von ihm wird gesagt, dass er sich immer geweigert hat, selbst ein AC mitzumachen. »Warum wohl?«, fragt sich Hans-Peter und erklärt es sich damit, dass »der sowieso immer nur macht, was er will«. Auch Herr Hetzer ist dabei, von dem gemunkelt wird, bei einem AC durchgefallen zu sein. Etwas mulmig ist Hans-Peter zu Mute, wenn er an die Psychologen denkt, die beim AC möglicherweise einen wesentlichen Einfluss haben. Er hofft sehr, dass wenigstens die anderen vom »gesunden Menschenverstand« ausgehen. »Bei Psychologen kann man schließlich nie sicher sein, was die sich zurechtbiegen. Sie finden für alles eine Erklärung. Auch weiß man nie, inwieweit sie einen nicht doch durchschauen«, geht es Hans-Peter durch den Kopf.

Über die anderen Kandidaten ist Hans-Peter nur teilweise informiert. Kollege Heinz gehört ebenfalls zu den Favoriten. Er selbst hält wenig von Heinz und mag ihn nicht besonders. »Hoffentlich wird keine Frau dabei sein«, wünscht sich Hans-Peter, »denn die sind immer in allem so perfekt.« Er hat gehört, dass Nikolaus Geier, der bereits in der Filiale arbeitet, ebenfalls eingeladen wurde. Ein ausgesprochen zielstrebiger und frecher Bursche, der angeblich über Leichen geht. Hans-Peter kennt ihn nicht persönlich, er könnte aber vielleicht zu seinem stärksten Konkurrenten werden. Hans-Peter beruhigt sich mit dem Gedanken, dass der Fairnessgedanke das Wichtigste beim AC sei. Jeder habe die gleichen Chancen, und jeder könne sich direkt vor Ort mit seinen Konkurrenten vergleichen. Die Auswahl der Kandidaten sei für diese selbst durchschaubar. So wurde es bei der Einladung zum AC betont. Zwar kann sich Hans-Peter nicht so recht vorstellen, wie es bei einem Team von Beurteilern, in dem so jemand wie Herr Stur sitzt, wirklich fair zugehen kann, doch er hält an dem Fairnessgedanken fest. Er wird schon allen zeigen, was in ihm steckt, versucht Hans-Peter sich selbst zu ermutigen.

Hans-Peter ist gut vorbereitet für das AC. Mehrere Bücher hat er sich gekauft, in denen beschrieben ist, was es im AC alles zu machen gibt und worauf es ankommt. Es wird Gruppendiskussionen geben, in denen seine soziale Kompetenz, seine Kommunikationsfähigkeit, sein Gruppenverhalten generell, auch sein Durchsetzungsvermögen gemessen werden wird. Bei so genannten Postkorbübungen, die ihn mit unterschiedlichen Aufgaben aus dem künftigen Berufsalltag konfrontieren, muss er innerhalb einer begrenzten Zeit seine Entscheidungsfähigkeit, seine Flexibilität und sein Urteilsvermögen beweisen. Rollenspiele wird es geben, auch Einzelarbeiten. Und Tests, in denen seine Persönlichkeit und seine Intelligenz gemessen werden.

Hans-Peter weiß zwar, dass er intelligent ist, »doch wird der Test das auch wirklich messen?« Die psychologischen Tests beunruhigen ihn. Zwar kennt er viele Leute, aber niemanden, der ihm so einen Test hätte vorab beschaffen können. »Nikolaus Geier hat bestimmt so einen Test schon zu Hause liegen und weiß bereits, wie er welche Fragen zu beantworten hat, damit er dann im besten Licht dasteht«, kommt es Hans-Peter in den Sinn. Ein paar Beispiele hat Hans-Peter in seinen Büchern gefunden und sich gefragt, wie solch seltsame Fragen Aufschluss über seine Persönlichkeit geben sollen. Die Bücher raten ihm, nicht zu oft die Antwort »neutral« oder »dazwischen« anzukreuzen. Das könnte schnell als Entscheidungsschwäche und Unsicherheit ausgelegt werden. Er wird also überwiegend mit »stimmt« oder »trifft zu« oder »stimmt nicht« bzw. »trifft nicht zu« antworten.

Hans-Peter hat außerdem gelesen, dass es bei der Kandidatenauswahl wesentlich auf die bisherige Laufbahn ankomme. Und da hat sich Hans-Peter nichts vorzuwerfen. Stets ist er zielstrebig vorangekommen, bereits in der Schule gab es nie Probleme. Er wusste gleich, dass er Betriebswirtschaftslehre studieren wollte, hat aber vorher noch eine Banklehre absolviert, weil er sich damit bessere Chancen ausrechnete. Privat gibt es nichts an ihm zu mäkeln, seine Frau ist »unproblematisch«, wie er das ausdrückt, und kümmert sich um die zwei Kinder, die beide aufs Gymnasium gehen. Was Hans-Peter etwas irritiert, ist, dass in einem der Bücher steht, ein zu geradliniger Lebenslauf könne als mangelnde Flexibilität ausgelegt werden. Das versteht er gar nicht, denn schließlich kommt es doch auf eine richtige Karriereplanung an; auch das liest man immer wieder. Nun ja, Hans-Peter wird sehen, was auf ihn morgen zukommt. Doch eines ist für ihn klar. Er will und er muss dieses AC bestehen und die Filialleiterstelle bekommen.

Solchem Stress setzen sich Menschen bereits im Vorfeld eines AC aus, nur um auf ihrer Karriereleiter eine Stufe weiterzukommen.

»Assess« kommt aus dem Englischen und bedeutet so viel wie bewerten, beurteilen, einschätzen. Im Assessment-Center (AC) sollen Persönlichkeitseigenschaften sowie soziale Kompetenz, Durchsetzungsvermögen, Flexibilität, Kommunikationsfähigkeit oder Originalität gemessen werden. AC's werden vielfach von größeren Unternehmen eingesetzt. Gewöhnlich unterzieht man nur solche Personen dem Assessment, die für höhere Führungspositionen vorgesehen sind. Wer wie Hans-Peter zu einem AC eingeladen ist, gehört zur engsten Auswahl, und wer es besteht, kann mit besten Karriereaussichten in der Firma rechnen. Das AC gilt als eine »entscheidende Hürde« in der beruflichen Karriere.

Im AC werden mehrere Kandidat/inn/en zusammen eingeschätzt und miteinander verglichen. In Gruppendiskussionen, Rollenspielen und bei Einzelaufgaben, die den Berufsalltag simulieren sollen, wird die Eignung der Einzelnen für den offenen Posten ermittelt. Es soll herausgefunden werden, welches Potenzial in den Bewerber/inn/en steckt. Bis zu drei Tage kann so ein AC dauern, und das mehr oder weniger rund um die Uhr, denn auch außerhalb des eigentlichen Assessment wird beobachtet und beurteilt. Der Fairnessgedanke werde im AC groß geschrieben, heißt es, alle Teilnehmer/innen sollen die gleichen Chancen haben, die angewandten Methoden seien für die Kanditat/inn/en durchschaubar und sie könnten sich direkt vor Ort mit ihrer Konkurrenz vergleichen.

In Wirklichkeit ist das alles nicht gegeben – Hans-Peters

Zweifel sind berechtigt. Im AC gibt es mehrere Beurteiler und nicht alle sind geschulte Psycholog/inn/en. Betriebsinterne Führungskräfte werden ebenfalls zum Beobachten und Beurteilen eingesetzt. Claus Coelius berichtet in seinem Buch *Fit fürs Assessment Center*[4], dass letztere zwar seit Jahren das Beurteilen gewohnt sind, nicht aber, zu beobachten. Wer allerdings nicht im Beobachten geschult ist, konzentriert sich in der Regel auf die Schwächen der Kandidat/inn/en und übersieht ganz und gar deren Stärken. Eine objektive und umfassende Beurteilung ist so nicht möglich. Die persönlichen Sympathien und Antipathien den Bewerber/inn/en gegenüber lassen sich nicht ausschließen. Oft sitzen zudem Personen in den Beurteilungsteams, die selbst ein AC nicht bestanden haben und nun andere im AC voyeristisch bis an den Rand ihrer Belastbarkeit bringen.

Sich einem AC zu unterziehen, bedeutet eine enorme Stresssituation, in der zudem eine eindeutige Konkurrenzhaltung vorherrscht. Genau genommen wird im AC erwartet, selbst sein Innerstes zu entblößen, und dies vor Konkurrent/inn/en, die oft sogar Kolleg/inn/en sind, ebenso wie vor Vorgesetzten, vor Psycholog/inn/en, vor Menschen, die man kennt und mit denen man danach wieder zusammenarbeitet.

Eignungstests und Persönlichkeitsfragebögen sind fester Bestandteil des ACs, obwohl sie aus fachlicher Sicht stark umstritten sind. Sie sollen Aufschluss über bestimmte Charaktermerkmale einer Person erbringen. Mit ausgeklügelten Fragen, die jedem Laien aber auch Profis äußerst seltsam erscheinen, will man herausfinden, ob jemand zum Beispiel Durchsetzungsvermögen hat, nach Dominanz strebt, kontaktfreudig ist und einen ausgeprägten Leistungswillen zeigt. Verborgene Ängste, Aggressionen, Unsicherheiten, Labilitäten sollen aufgedeckt werden. Multiple-Choice-Fragen wie »Ich bin überzeugt, dass es nur eine wahre Religion gibt«, »Ich träume viel von sexuellen Dingen«, »Ich muss öfters als andere Wasser lassen«, »Ich fühle mich von meinen Freunden zuweilen im Stich gelassen« (zitiert nach Coelius) gilt es abzuhaken, sie sind Bestandteile solcher Tests. Völlig unabhängig vom Sinn oder Unsinn solcher Tests und deren Antwortinterpretation werden sie dazu benutzt, diejenigen, die sich dem Test unterziehen, bis in ihre intimsten Bereiche hin auszufragen und sie zu »durchleuchten«. Und es ist wirklich erstaunlich: die Leute machen das mit. Um des Erfolgs willen. Ohne mit der Wimper zu zucken, unterziehen sie sich solchen Tests und stellen sich bereitwillig der »seelischen Röntgenographie«.

Natürlich weiß man um die Fragwürdigkeit solcher Tests, doch Psycholog/inn/en und Personalmanager/innen, die sie zum Einsatz bringen, hinterfragen deren Gültigkeit entweder nicht oder sie wenden sie an in dem Wissen, dass die Ergebnisse durchaus zweifelhaft sind. Genau genommen erfüllen solche Tests wie auch die ACs nur eine Alibifunktion: Wenn die Auserwählten die in sie gesetzten Erwartungen nicht erfüllen, brauchen sich die Personalentscheider/innen nicht selber die Schuld dafür zuzuschreiben. Stattdessen können sie sich auf die Test- und AC-Ergebnisse berufen.

Wer sich solchen doch recht zweifelhaften und entwürdigenden Prozeduren unterzieht, lässt vermuten, gar nicht über die geforderten und angeblich gemessenen Merkmale wie Willensstärke oder Selbstbehauptungsvermögen zu verfügen und keineswegs von sich überzeugt zu sein. Menschen, die wirklich ein Profil und eine ausgeprägte Persönlichkeit haben, wissen, was sie wollen, doch sie »verschachern« sich nicht um jeden Preis. Sie haben die Stärke, Nein zu sagen, wenn es um ihre Person geht, auch zu einem AC.

Aber ist für die wirklich starken Persönlichkeiten überhaupt Platz in der Welt der Erfolgreichen? Es sind doch viel mehr diejenigen gefragt, die »flexibel« den gestellten Anforderungen gerecht zu werden versuchen und dabei (leider) schnell zu Marionetten der Erfolgswelt werden. So sehen sie dann alle mehr oder weniger gleich aus, zeigen ein ähnliches Verhalten und unterziehen sich denselben Ansprüchen. Erfolgreiche Menschen laufen Gefahr, zu Einheitsmenschen zu werden, leicht zu ködern mit Geld, Macht und Ansehen, aber auch leicht zu handhaben, mit der Neigung zur absoluten Selbstaufgabe um der Karriere willen. Im AC werden solche Menschen selektiert.

Das AC kann als Inbegriff der widersprüchlichen Erfolgswelt gesehen werden. Es gibt vor, offen, aufgeschlossen und fair zu sein und den Ansprüchen zukunftsträchtiger Organisationen zu genügen. Tatsächlich aber konserviert es traditionelle Wertvorstellungen der Erfolgswelt. Von allen Erfolgsuchenden verlangt es Verhaltensweisen, die nur unter Selbstverleugnung zu erfüllen sind. Eine Art »Erfolgsschizophrenie« liegt dem zu Grunde und diese ist es, die Erfolgsmenschen nach und nach darin schwächt, am wirklichen Leben teilzunehmen, sich an ihm zu erfreuen und es zu genießen.

Die Schizophrenie des Erfolgs

»Sei originell und bleib konventionell!«

Heute ist Natascha besonders gut drauf. Mit blau gefärbten Strähnen in ihrem sehr kurzen Haar, schwarzer Lederhose mit Trägern (nein, keine bayrische), einer giftgrünen Bluse mit großen gelben-Punkten, flachen Schuhen, einem Yin-Yang-Anhänger im Ohr und einer bunten Perlenkette um den Hals kommt sie beschwingt in die Bank. Dort arbeitet sie seit einem Jahr in der Rechtsabteilung. Wirtschaftsrecht hat sie studiert mit hervorragendem Abschluss. Laut und lachend begrüßt sie ihre ausschließlich männlichen Kollegen, die alle schon seit Punkt acht Uhr in ihren dunklen Anzügen vor ihren »steingrauen« Schreibtischen sitzen und Gutachten bearbeiten. Lange, viel sagende Blicke werfen sie sich zu, nachdem Natascha selbstbewusst an ihnen vorbeigeschritten ist, schnurstracks zur Kaffeemaschine.

»So kann es nicht weitergehen«, denkt sich Kollege Ackermann, der gerade seinen Antrag auf Beförderung vorbereitet. »Diese Natascha benimmt sich unmöglich, und das in einer Bank«, so auch Abteilungsleiter Mustermann, der alles hinter seiner Glastrennwand beobachtet. »Bis jetzt hat die sich noch nichts zu Schulden kommen lassen. Im Gegenteil, sie ist flink im Denken und entdeckt oft rechtliche Argumentationsansätze, auf die man wirklich erst kommen muss«, gesteht Mustermann ihr zu. »Gestern hat sie sogar einen Vorschlag zur Arbeitsrationalisierung gemacht, über den nachzudenken sich wirklich lohnen könnte«, muss er zugeben. »Doch steht ihr so was überhaupt zu? Ihr, die noch so jung ist und erst seit einem Jahr hier arbeitet?«, überlegt Mustermann. Er beschließt, ihren Vorschlag erst einmal in der Schublade ruhen zu lassen und ihn zu einem späteren Zeitpunkt, vielleicht wenn Natascha im Urlaub ist, als seine Idee zu präsentieren. »So ein bunter Vogel ist wirklich unberechenbar. Wenn die sich anders benehmen würde, könnte die es glatt fertig bringen, mich auf der Karriereleiter zu überholen«, geht es Mustermann durch den Kopf. Doch er weiß, dass er sich mit solchen Befürchtungen nicht quälen muss, sind sie doch ganz und gar abwegig. »Ihre Anstellung war die reinste Fehlentscheidung und es ist wirklich an der Zeit«, so Mustermann, »dass diese Person sich nach was Neuem umsieht.«

Natascha ist ein »Original«. Sie hat ausgefallene Ideen und lässt sich als Person nur schwer mit anderen vergleichen. Originalität wird von all denjenigen erwartet, die sich auf eine erfolgreiche Karriere einstellen wollen. In den Assessment-Centern wird danach Ausschau gehalten. Eine Führungspersönlichkeit, so heißt es, sei ein Original, während Manager/innen lediglich eine »Kopie« von anderen sind und nichts wirklich Neues bewirken.[5] Demnach hätte Natascha gute Chancen für eine berufliche Karriere.

Doch um auf der Karriereleiter tatsächlich voranzukommen, dürfen »originelle« Menschen keineswegs den konventionellen Rahmen sprengen. Würde Natascha auf Hans-Peter im AC treffen, würde sie sicher den Kürzeren ziehen. Zu viel an Außergewöhnlichem – das fängt schon beim Äußeren an – könnte Unruhe, ja Aufruhr in das Gefüge gefestigter Unternehmensstrukturen bringen.

Originelle Menschen zeichnen sich oft dadurch aus, dass sie sich über herkömmliche Regeln und Werte hinwegsetzen. Sie stehen zu ihren eigenen Vorstellungen. Sie sind es, die Bewegung ins Leben bringen, ohne Scheu vor den vielfältigen Möglichkeiten, die das Leben wie auch der Beruf bieten. Inmitten hierarchischer Betriebsstrukturen können sie die »Festen« ins Wanken bringen und das ist nicht wirklich erwünscht. Menschen mit bahnbrechenden Ideen und außergewöhnlichen Leistungen werden schnell zur Gefahr für all jene, denen es genau daran mangelt, die selbst nichts Neues auf die Beine stellen. Ein origineller Mensch passt kaum in die industriellen, wirtschaftlichen und Verwaltungsunternehmen. Getragen von starren Bürokratien sind diese eher auf ein konventionelles und förmliches Verhalten bedacht.

Konventionen sind unausgesprochene Vereinbarungen darüber, wie jemand zu sein und sich zu verhalten hat. Konventionen sind stark an herkömmliche Traditionen und die »Kultur« eines Unternehmens gebunden. Von erfolgsorientierten Menschen wird erwartet, dass sie sich an die gängigen Regeln halten. Tritt z. B. jemand einen Arbeitsplatz in einer Bank an, soll er sich an das stillschweigende Übereinkommen halten, sich jeden Tag so zu kleiden, wie es dem Erscheinungsbild der Bank entspricht: nicht zu auffallend, gepflegt, teure Qualität. Originalität, die, wie im Fall von Natascha, bereits beim äußeren Erscheinungsbild anfängt, weckt an einem solchen Platz Misstrauen – meinen viele. Die Bank als die Institution, in der das Geld zu Hause ist, soll durch eine vertrauenserweckende, berechenbare und seriös aussehende Person repräsentiert werden.

Zu den Konventionen gehört es auch, die »Linie« des Unternehmens einzuhalten. Hat beispielsweise jemand eine Idee für ein gemeinsames Projekt mit Kolleg/inn/en aus einer anderen Abteilung, so kann er nicht direkt auf diese zugehen und seinen Vorschlag unterbreiten. Stattdessen muss zunächst mit deren Vorgesetzten darüber gesprochen werden. Unschwer vorzustellen, dass beim Einhalten der »Linie« Spontaneität und Kreativität verloren gehen. Freude und Begeisterung für ein mögliches Projekt werden durch die vorgegebenen Wege gehemmt, die oft mühsam einzuhalten sind, wenn etwa Zuständige nur schwer erreichbar sind oder gar grundsätzlich alles mit Skepsis und Pessimismus betrachten. Die Originalität bleibt auf der Strecke.

Konventionen tragen dazu bei, dass neue Ideen gar nicht umgesetzt oder zu einem späteren Zeitpunkt unter einem anderen Namen »herausgegeben« werden. Der Fall Natascha ist ein Beispiel dafür: Ihren Vorschlag zur Arbeitsrationalisierung hält Mustermann in der Schublade, gegebenenfalls wird er ihn später als »seine« Idee präsentieren. Sicherlich wird damit Nataschas Idee einiges an Inhalten und Umsetzungsmöglichkeiten einbüßen. Ließe Mustermann Natascha direkt und sofort agieren, hätte das Ganze sicherlich mehr Schwung und könnte andere leichter zum Mitmachen begeistern.

Menschen, die ein »offenes Auge« haben für das, was um sie herum geschieht, an positiven, mittelmäßigen oder auch negativen Dingen, lassen sich vom Geschehen inspirieren und entwickeln daraus originelle Ideen. Wenn sie dem Leben positiv zugetan sind, schöpfen sie daraus nicht nur Lebensfreude, sondern auch Schaffenskraft.

Originalität wurzelt im Leben. Konventionen hingegen basieren auf Normen und althergebrachten Traditionen, die dem Zug der Zeit hinterherhinken. Konvention versucht, das Leben in seiner Vielfalt zu bändigen und zu zügeln. Raum für Kreativität und originelle Ideen lässt sie wenig. Blickt man sich um in der Welt der Erfolgreichen und Aufstiegsorientierten, so finden wir eine Mehrheit an angepassten »Typen«, die die Konventionen gut kennen und sie einhalten, oft gar nicht aus Überzeugung, sondern aus Angst. Es ist die Angst, die Gunst der Vorgesetzten zu verlieren und deshalb auf der Karriereleiter nicht mehr weiterzukommen.

Karrierestreben schützt die Konventionen. Erfolgs- und karriereorientierte Menschen arbeiten gewöhnlich viel. Sie sind derart vertieft in ihre Arbeiten und Zuständigkeiten, dass ihnen oft entgeht, was sich »draußen« im Leben, außerhalb der Konventionen abspielt. Um den Eindruck aufrechtzuerhalten, dennoch auf dem »richtigen« Weg zu sein, sind die Konventionen umso wichtiger. All die Karrierebewussten haben die Konventionen einzuhalten, auch dann, wenn von ihnen viel an »origineller« Persönlichkeit gefordert ist. »Sei originell und bleib konventionell« lautet deshalb die Devise. Und hier grüßt die Schizophrenie.

»Sei ganz du selbst und vergiss nie, was andere von dir denken!«

Karsten kommt gerade aus einer dreistündigen Sitzung des Sprachinstituts, die zwei Mal jährlich für alle Mitarbeiter/innen abgehalten wird. Er ist müde und genervt. »Bernd hat sich eben wieder ganz fürchterlich daneben benommen«, geht es Karsten durch den Kopf. Denn Bernd hatte das Thema Budgetverteilung für die einzelnen Abteilungen angeschnitten und die Übervorteilung der Administration an ganz konkreten Beispielen vorgeführt. Aus Karstens Sicht ging das eindeutig zu weit. Er kann sich gar nicht vorstellen, wie Bernd sich so verhalten kann. »Nie scheut er sich, Dinge direkt beim Namen zu nennen, die sich jeder vernünftige Mensch nur denkt«, so Karsten, »der weiß offensichtlich gar nicht, was sich gehört.« Was Karsten verwundert, ist, »dass immer alle zuhören, wenn Bernd den Mund aufmacht«, keiner unterbricht ihn. »Sogar die, die ansonsten eher abwesend sind und irgendwas in ihren mitgebrachten Papieren kritzeln«, muss Karsten feststellen. Karsten erklärt sich das damit, dass Bernd »wirklich für alle eine

Herausforderung ist«, was Karsten allerdings keineswegs positiv wertet. Deshalb stellt er auch zufrieden fest, dass von dem, was Bernd vorschlägt, nie etwas in die Tat umgesetzt wird. Karsten ist sich auch im Klaren darüber, dass Bernd es seit Jahren noch nicht weitergebracht hat, weil er »immer den Mund zu voll nimmt und sich in seiner ganzen ›Persönlichkeit‹ zeigt«. Karsten ist übrigens Abteilungsleiter.

Ein ausgeprägtes Persönlichkeitsprofil erwartet man von denen, die es zu etwas bringen wollen. Individualität ist gefragt. Unter den vielen, die auf der Suche nach dem Erfolg sind, sollen sie herausstechen. Mitläufertypen, denen man mittelmäßige Leistungen zuschreibt, kann man angeblich nicht brauchen in der Welt der Mächtigen und Einflussreichen.

Doch zeigt sich jemand so, wie er ist, verhält er sich natürlich und direkt, äußert er unbefangen und »frei von der Leber weg« eigene Gedanken und Gefühle, stört das in der Regel sehr auf dem Weg nach oben. Wer zu viel an Persönlichkeit zeigt, wird für andere schnell unberechenbar und »schwierig«. Erwünschter ist deshalb der uniforme Mensch, der sich wie alle anderen an die Regeln hält und in seinem Reden und Tun nicht aus dem »Rahmen« fällt. Wer es zu etwas bringen will in den Hierarchien von Unternehmen, der muss stets eine Ahnung davon haben, was andere von ihm denken und erwarten. Nur so fällt man nicht unangenehm auf.

Wer zu viel an eigener Meinung und anderen »Eigenheiten« offenbart, gilt schnell als nicht anpassungsfähig bzw. nicht »flexibel«, wie das heute verbrämend formuliert wird. Flexibilität gehört zu den wichtigsten Voraussetzungen erfolgreicher Menschen, heißt es. Doch Flexibilität bedeutet auch, wie ein »Fähnchen im Wind« zu sein. Ein flexibles Verhalten ist nie weit entfernt vom opportunen Verhalten, das in der jeweiligen Situation als angebracht und nützlich erscheint. Gerade in der Erfolgswelt ist opportunes Verhalten oft gefragt, will man »weiterkommen«. Es gilt, sich an die jeweiligen Umstände und die, die das Sagen haben, anzupassen. In vielen oberen Chefetagen in der freien Wirtschaft, im Staatsdienst und in der Politik finden wir Menschen, die »es« vor allem durch ihren Opportunismus geschafft haben.

Zu berücksichtigen, was die »anderen« von uns denken, lernen wir von klein auf. Es ist fester Bestandteil der Erziehung. »Was sagen denn da die Leute« wurde den meisten von uns von Kindheit an »eingetrichtert«. Es geht nicht um uns selbst, sondern um »die Leute«. Sie bestimmen, was an uns gut und was schlecht ist. Sich an anderen zu orientieren, wird zur Lebensprämisse, die allerdings die eigenen Möglichkeiten und Fähigkeiten massiv beschneidet. Doch wer sich an anderen orientiert, hat gute Chancen, in der Karrierewelt weiterzukommen. Wer es nicht tut, mag eine hervorragende Persönlichkeit sein, wird sich jedoch, wenn überhaupt, nur mit viel Mühen und Kämpfen durchsetzen.

Eigentlich ist es ganz in Ordnung, »die anderen« zu berücksichtigen. Schließlich ist der Mensch kein Einzelgänger, sondern ein Gemeinschaftswesen. Das Problem ist vielmehr, dass ihm immer von der Einzigartigkeit und Individualität vorgeschwärmt wird. Jeder ist aufgefordert, im Namen der Karriere etwas für die Entfaltung des eigenen Selbst zu tun und zu zeigen, was in einem steckt. Doch gerade ein solches »Outen« wird einem schnell hinderlich, will man nach »oben« kommen.

»Sei ganz du selbst und vergiss nie, was andere von dir denken« gehört zu den verhängnisvollen schizophrenen Fallen der Erfolgswelt. Will man dieser Falle entkommen, braucht man Mut; den Mut, gegebenenfalls den Erfolg mit all seinen Zwängen hinter sich zu lassen und für das *wahre* Leben einzutreten. Dazu würde gehören, sich nicht als »falscher« Mensch durch die Erfolgswelt hindurchzuschlängeln, um den Erwartungen anderer gerecht zu werden. Doch wer hat schon so viel Mut, in einer Welt, in der sich fast alles um die Karriere dreht?

»Zeige soziale Kompetenz und bleib ein Egoist!«

Hannes ist Rechtsanwalt, mit großer Kanzlei, tollem Büro, viel Geld. Als Anwalt ist er hoch angesehen, außerdem parteipolitisch engagiert und in einer Reihe von Gremien tätig. Hannes ist sehr intelligent und durchschaut die jeweiligen Gegebenheiten schnell. Sehr geschickt managt Hannes seinen Erfolg. Mit stets freundlichem Lächeln begegnet er Menschen, ist immer höflich und benimmt sich außerordentlich zuvorkommend. Das gehört zu seinem »Spiel«. Es heißt: ›Wenn du nicht machst, was ich sage, ziehe ich mich aus unserer Beziehung zurück.‹ Hannes ist sehr verführerisch in diesem Spiel und nicht mal im sexuellen Sinne. Es ist schwierig, seinem Spiel zu widerstehen. Immer ist da die Drohung, dass er einen verlässt. Hannes spielt dieses Spiel mit seinen Angestellten genauso wie mit seinen Mandant/inn/en, auch im Freundes- und Bekanntenkreis. Das Spiel hat erpresserischen Charakter. Allerdings wirkt bei ihm alles immer sehr rational und keineswegs wie eine wirkliche Erpressung. Doch bis man sich umsieht, hat er einen »gefangen«. Dabei vergisst Hannes nie seinen eigenen

Vorteil, durch nichts lässt er sich von seinen Absichten und Zielen abbringen.

Hannes besitzt, so würde man im Karrierejargon sagen, sehr gute soziale Kompetenz. Auch ein Merkmal, das heute besondere Wertschätzung in den Empfehlungen für Führungskräfte genießt. In den ACs ist die soziale Kompetenz auch ein »Prüfungsfach«, seitdem die wichtige Rolle zwischenmenschlicher Fähigkeiten in der Mitarbeiter/innenführung anerkannt ist. Ein ruppiger, wenig gesprächsbereiter Mensch macht heutzutage kaum noch Karriere.

An sich wird unter sozialer Kompetenz die Fähigkeit verstanden, mit Menschen umgehen zu können. Jemand, der sozial kompetent ist, versteht es, mit anderen zu reden, auf sie einzugehen, sie ernst zu nehmen. Eine sozial kompetente Person erkennt die Bedürfnisse anderer und kann sie artikulieren.

Wer sich allerdings auf dem Weg zum Erfolg häufig um die Belange anderer kümmert, dem wird die verbleibende Kraft und Zeit mitunter nicht mehr ganz für die eigene Karriere reichen. Beim Pferderennen wird das Tier, das sich zu viel um die anderen kümmert, nicht auf Platz eins gelangen. Pferden werden deshalb Scheuklappen angelegt, damit sie nicht durch das Geschehen um sie herum abgelenkt werden. Auch der karriereorientierte Mensch sollte möglichst nicht nach rechts und links schauen oder sich gar umdrehen, will er nach »vorne« kommen.

Das alte Prinzip »Nach oben bücken und nach unten drücken« besteht durchaus noch, auch wenn es heute keiner mehr in solche Worte fasst. Stattdessen spricht man von sozialer Kompetenz, bei der es jedoch um nicht viel mehr geht, als um die Frage: »Wie muss ich mich verhalten, damit ich alle, die über und unter mir stehen, am besten von mir einnehme?« Hannes ist ein Meister in der Lösung dieser Frage. Er versteht es, sich selbst so in den Mittelpunkt zu rücken, dass andere den Eindruck bekommen, sie würden ihn brauchen. Weil sie das glauben, kann Hannes sie mit seiner Drohung, sich zurückzuziehen, wenn seine Bedingungen nicht erfüllt werden, beeindrucken und sie zu dem Verhalten bewegen, das vor allem ihm etwas nützt.

Das Beispiel Hannes zeigt, dass es in der Erfolgswelt nicht wirklich um soziale Kompetenz geht. Vielmehr geht es um die Fähigkeit, andere Menschen in den eigenen »Bannkreis« zu ziehen, mit der Absicht, sie auf diese Weise zu einem entsprechenden Verhalten zu motivieren. Das Wort Manipulation wäre an Stelle dessen, was heute mit sozialer Kompetenz umschrieben ist, treffender. Auch deshalb, weil vielfach statt zwischenmenschlicher Rücksichtnahme ein egoistisches Verhalten notwendig ist, um »weiterzukommen«.

Egoismus bedeutet hier, auf den eigenen Nutzen bedacht zu sein und sich notfalls auf Kosten anderer zu »bereichern«. Ein solches Verhalten ist gerade in der hierarchisch strukturierten Berufswelt notwendig, in der nicht alle, auch wenn sie noch so gut sind, an die »Spitze« gelangen können. Nur einigen wenigen, gemessen an der Masse der arbeitenden Bevölkerung, ist so ein Platz vorbehalten.

Daneben erfordert die Karriere ein hohes Maß an Egozentrismus. Kleine Kinder verhalten sich egozentrisch. Das heißt, sie gehen in ihrem Denken und Handeln nur von sich aus. Sie glauben, alles, was um sie herum geschieht, habe mit ihnen direkt zu tun. Sie sind von ihrer Entwicklung her noch nicht fähig, Dinge und Ereignisse von sich losgelöst zu betrachten und sich in ihren Spielen und Wünschen an den Bedürfnissen anderer auszurichten. Erst im Kindergartenalter entwickeln sie soziale Fähigkeiten, die sie auf andere Rücksicht nehmen lassen. Von karrierebewussten Menschen erwartet man genau genommen, dass sie auf der Stufe des kleinen Kindes verharren, denn sie sollen sich ausschließlich auf die Verwirklichung der eigenen Ziele konzentrieren und sich bei allem, was sie tun oder was um sie herum geschieht, fragen: »Was nützt mir das?« Der Erfolg zeigt, dass, je »weiter« Karrieremenschen kommen, sie sich umso mehr auf sich selbst beziehen. Für sie ist es das Natürlichste der Welt, dass alle ihnen zuarbeiten, dass alle um ihre Gunst werben, dass keiner ihnen widerspricht und dass andere sogar ihr Privatleben für sie zurückstellen. Die vielen Beispiele der Überstunden, die viele Vorgesetzte wie selbstverständlich erwarten, sind nur ein Beweis dafür.

Wer sich dem Prinzip »Erfolg um jeden Preis« verschreibt, behauptet sich am ehesten mit egoistischem Verhalten, kombiniert mit hartem Konkurrenzdenken und Gewinner-Verlierer-Bewusstsein. Was es heutzutage für Erfolgsuchende allerdings besonders schwer macht, ist die Tatsache, dass all dies nicht mehr offen ausgesprochen und einem zugestanden wird. Stattdessen gilt es, »soziale Kompetenz« zu zeigen. Weil echte zwischenmenschliche Beziehungen gar nicht erst entstehen, wird das Leben einsam, trocken, spröde und anstrengend. Gilt es doch, wie im Fall von Hannes, stets darauf bedacht zu sein, andere »bei der Stange« zu halten, und das ist bei den vielen anderen, die ebenfalls nach Erfolgen und Vorteilen streben, keineswegs immer leicht.

Ich habe mit jungen Führungskräften gearbeitet, die noch den Anspruch hatten, jedem gerecht zu werden; sie wollten sowohl auf andere Rücksicht nehmen, als auch ihre eigenen Ziele verfolgen. Sie befanden sich in dem schizophrenen Verhaltensdilemma »Zeige soziale Kompetenz und bleib ein Egoist.« Diejenigen, die die soziale

Kompetenz in ihrer tatsächlichen Bedeutung ernst nahmen, galten in ihren jeweiligen Unternehmen schnell als nicht zielstrebig genug und liefen Gefahr, aus dem »Rennen« auszuscheiden.

»Sei vielseitig und leg dich fest!«

Dirk arbeitet in der Personalabteilung eines Autokonzerns. Er sortiert gerade die zahlreichen Bewerbungen, die für die Produktmanagerstelle eingegangen sind. »Was einem da an Lebensläufen unterkommt«, wundert sich Dirk. Zum Beispiel der von diesem Herrn Wechsler. 36 Jahre ist er und hat schon in vier verschiedenen Firmen gearbeitet. Ein Physikstudium brach er bereits nach zwei Semestern ab und wechselte zum Fahrzeugbau. Drei Jahre erstellte er in einer Versicherung Unfallgutachten. Anschließend konstruierte er zwei Jahre lang Laufbänder in einem technischen Planungsbüro. Ein Jahr hat er für eine Inneneinrichtungsfirma Lampen entworfen. »Wie kann man sich denn zu so was hinreißen lassen«, fragt sich Dirk. Schließlich hat Herr Wechsler offensichtlich wieder zu einem Ingenieurbüro zurückgefunden. Dort hat man ihn sogar für ein halbes Jahr nach Saudi-Arabien geschickt zum Aufbau von Betriebsanlagen für eine Fabrik. Nun will er in den Vertrieb gehen. »Vielseitig ist er ja, dieser Wechsler«, denkt sich Dirk. »Doch wie lange würde er es bei uns wohl aushalten?«, fragt er sich weiter. Schon fällt Dirks Blick zum nächsten Lebenslauf, den von Herrn Fester. Der macht auf ihn einen beständigeren Eindruck. Familie, zwei Kinder, wohnt sogar im gleichen Vorort wie Dirk, »hat wohl auch ein Reihenhaus dort«, kommt es Dirk in den Sinn. Das Studium wurde erstaunlich schnell durchgezogen. Seit acht Jahren arbeitet er bereits in der gleichen Firma. »Ist ein bisschen lang«, meint Dirk, »für so einen jungen Menschen von erst 34 Jahren; und nun will er was anderes machen. Warum wohl?«, fragt sich Dirk. »Ob der überhaupt flexibel genug wäre für den Vertriebsbereich?«, geht es Dirk noch durch den Kopf. Bevor er die Unterlagen zur Seite legt, bestätigt sich Dirk selbst: »Für eine richtige Karriere ist es für diesen Wechsler wie auch den Fester rein altersmäßig bereits zu spät, und mit solchen Lebensläufen sowieso.« Dirk greift zur nächsten Bewerbung.

In diesem Beispiel geht es um die widersprüchliche Aufforderung für Erfolgsuchende »Sei vielseitig und leg dich fest.« Wie wir schon im Zusammenhang mit dem Assessment-Center gesehen haben, achten Personal- und damit auch Karriereentscheider/innen auf den beruflichen Werdegang. Hat jemand öfter die Stelle gewechselt, führt dies schnell zur Vermutung, der Kandidat sei nicht ausdauernd und beharrlich genug. »Wird so eine Person auf der neuen Stelle durchhalten?«, fragt man sich. Tätigkeiten in abseits gelegenen Bereichen werden schnell als mangelnde Zielstrebigkeit interpretiert.
Doch ein Zuviel an geradliniger Entwicklung ist auch nicht recht. Bei solch einem Menschen wird fehlende Flexibilität und Interessenvielfalt vermutet.
Im Augenmerk bei Personalentscheidungen steht auch, inwieweit sich der Kandidat bei der Studien- oder Berufswahl von den eigenen Interessen leiten ließ oder von berechenbaren Berufs- und Verdienstaussichten. Auch in Assessment-Centern ist dies ein Fokus. Ging jemand nur nach seinen eigenen Interessen vor, könnte es sich

um einen sturen Menschen handeln, dem die Fähigkeit zur Flexibilität fehlt, so die Beurteiler. Gleichzeitig kann das aber auf Selbstbehauptung hinweisen, eine Fähigkeit, die gerade von Führungskräften erwartet wird. Wer auf unkonventionelle Weise vorwärts kam und trotz Hemmnissen sein Ziel erreicht hat, kann als beharrlich eingestuft werden. Zudem wird ihm Risikofreude zugeschrieben, ein wichtiges Merkmal für Menschen, die vorwärts kommen wollen. Hinter einer vorausschauenden und bewussten Karriereplanung vermuten viele einen überlegt handelnden und berechenbaren Menschen. Solche braucht man in den Führungsriegen. Doch andererseits mangelt es dem vielleicht am Mut, neue und ungewohnte Wege zu gehen. Hat aber jemand gar seinen ursprünglichen Beruf aufgegeben und sich in bereits fortgeschrittenem Alter neu qualifiziert, dann wirkt das insbesondere auf diejenigen irritierend, die einen solchen Schritt nie wagten. Wenn der »rote Faden« nicht klar ersichtlich ist, ist der Weg in erfolgreiche Positionen schnell versperrt.

Sie sehen, liebe Leserinnen und Leser, wie auch immer Sie Ihren bisherigen Karriereweg gestaltet haben, es kann verkehrt sein. Aus dem beruflichen Werdegang lässt sich die Karrierechance keinesfalls so gut vorhersagen, wie das in Karriereratgebern immer behauptet wird. Viel eher ließe sich eine solche Vorhersage vom beruflichen Werdegang derjenigen abhängig machen, die bei der Auswahl und Beförderung entscheiden.

Es ist wahrscheinlich, dass diejenigen, die selbst nicht auf direktem Weg nach »oben« gelangt sind, eher solche bevorzugen und fördern, deren Weg ähnlich aussieht. Diejenigen, die den geraden Weg eingeschlagen und viel Wert auf berechenbare Karriereplanung gelegt haben, erwarten dies sicher auch von den künftigen Karrieremacher/inne/n. Ganz unabhängig aber davon, welche

Berufswege Personalentscheider/innen selbst gegangen sind, aus der einander ausschließenden Erwartungshaltung »Sei vielseitig und leg dich fest« lässt sich immer ein Gegenargument für bestimmte Bewerber/innen finden; vor allem dann, wenn Aversionen eine Rolle spielen, aus welchen Gründen auch immer.

Für diejenigen, die auf der Suche nach Karriere und Erfolg sind, bedeutet das, dass sie in eine wenig durchschaubare Situation geraten. Es gilt für sie herauszufinden, was von ihnen erwartet wird, und den Lebenslauf entsprechend »hinzufrisieren«. Da aber gerade bei hochrangigen Posten in der Regel nicht nur eine einzige Person, sondern ein ganzes Auswahlgremium entscheidet, wird es umso schwieriger, wenn nicht gar unmöglich, sich entsprechend darzustellen.

»Sei kooperativ und setz dich durch!«

Ulrike ist Bürovorsteherin in einem erfolgreichen Architekturbüro. 20 Sekretärinnen und Schreibkräfte sind ihr untergeordnet. Keine leichte Aufgabe. Es ist 17 Uhr 30. Eben hat die Geschäftsleitung ihr mitgeteilt, dass Überstunden künftig nicht mehr ausbezahlt, sondern in Form von Freizeit vergütet werden. Ulrike weiß bereits jetzt, wie ihre Mitarbeiterinnen reagieren werden. »Im Dreieck werden sie springen und sagen, dass diese Regelung eine Unverschämtheit sei«, so Ulrike. Lässt es sich doch bei der vielen Arbeit gar nicht realisieren, Gleittage zu nehmen und Überstunden »abzufeiern«. Wenn eine Sekretärin pünktlich nach Hause geht und Überstunden von vornherein vermeidet, »sind die Herren Architekten schnell ungehalten«, das weiß Ulrike genauso wie ihre Mitarbeiterinnen.

»Alle werden sie unisono von mir verlangen, dass ich mit ihnen kooperiere und mir das nicht bieten lasse«, so Ulrike.

Die Geschäftsleitung ihrerseits erwartet selbstverständlich, dass Ulrike deren Auffassung vertritt. Und noch mehr: Die Angestellten soll sie von dieser neuen Regelung nicht lediglich in Kenntnis setzen, sondern sie zudem von der Richtigkeit dieser Entscheidung *überzeugen*. Legt doch die Firma sehr viel Wert darauf, dass alle Mitarbeiter/innen, von der Spitze bis zur Empfangsdame, sich dem Unternehmen verbunden fühlen, ganz und gar zu ihm stehen und sich voll und ganz für die Geschäftsinteressen einsetzen. Ein Zeichen der Mitarbeiter/innenmotivation. Ulrike ist ärgerlich. »Man hätte mich wenigstens fragen können, bevor man diese Entscheidung traf«, sagt sich Ulrike. Wenn sie jetzt, wo alles schon entschieden ist, auf die Schwierigkeiten der neuen Überstundenregelung hinweist, wird man ihr sagen: »Liebe Ulrike, Sie müssen lernen, sich besser durchzusetzen.« Auch ihre Mitarbeiterinnen werden von ihr erwarten, dass sie sich nach oben hin durchsetzt. »Bald wird es wieder diese Bewertungsbögen geben«, fällt Ulrike ein, in denen Mitarbeiter/innen ihre Vorgesetzten beurteilen müssen. Diese Maßnahme wurde eingeführt, um den Eindruck zu vermitteln, dass im Unternehmen alle ernst genommen werden und etwas zu sagen haben. Fällt die Bewertung für Ulrike schlecht aus, wird die Unternehmensleitung ihr dies als mangelnde Kooperationsfähigkeit in der Mitarbeiter/innenführung auslegen.

Spätestens morgen wird Ulrike die »Katze aus dem Sack« lassen müssen, bevor die Neuigkeit ohne sie durchsickert. Sie weiß jetzt schon, dass der heutige

Abend »mal wieder versaut« ist und sie in dieser Nacht kaum schlafen wird. Wie oft in solchen Situationen stellt sich Ulrike vor, wie einfach es doch wäre, irgendeinen Job ohne Verantwortung zu haben, in dem sie sich weder um Kooperation noch um Durchsetzungsfähigkeit bemühen müsste.

Das Verhaltensdilemma, zu kooperieren und sich durchzusetzen, in das Ulrike geraten ist, ist eine typische Situation für Menschen im mittleren Management. Sie sitzen »zwischen den Stühlen«. Da nur wenige gleich zu Beginn ihrer Karriere ganz oben in der Hierarchie einsteigen, müssen die meisten, die es zu etwas bringen wollen, durch solche »Feuertaufen«. Eine ausgesprochen stressreiche und nervenaufreibende Angelegenheit. »Wie soll man solche Konflikte lösen?«, darüber denken die Betroffenen viel nach. Freizeiten lassen sich nicht unbeschwert genießen, eine ständige innere Anspannung verhindert die Erholung. Die Bedrohung, das Ansehen sowohl bei den Vorgesetzten als auch bei den eigenen Kolleg/inn/en zu verlieren, »raubt« den Schlaf. Die Freude an der Arbeit und der verantwortlichen Position, die man innehat, schwindet. Am liebsten würde man gar nichts mehr oder nur noch eine ganz einfache Tätigkeit ausüben.

Kooperationsfähigkeit einerseits und Durchsetzungsvermögen andererseits werden heutzutage von Führungskräften erwartet. In den Assessment-Centern wird nach beiden Persönlichkeitsmerkmalen Ausschau gehalten, und das, obwohl sie sich eigentlich ausschließen.

Kooperation bedeutet Zusammenarbeit und die Einbeziehung oder die Mitwirkung aller an einer Sache Beteiligten. Teamarbeit wäre eine Form der Kooperation. Frauen wird nachgesagt, sie seien eher teamorientiert als Männer. Diese »weibliche« Führungsqualität gilt heute als Merkmal erfolgreicher Vorgesetzter, auch männlicher. Auf Kooperation ausgerichtete Führungskräfte sollen ihre Mitarbeiter/innen in Entscheidungen einbinden, vom »partizipatorischen Führungsstil« ist die Rede. So sollen Mitarbeiter/innen sich als gleichwertig und ihre Arbeit als wichtig erleben. Es soll sie »anspornen« und motivieren, von sich aus nach Arbeitserfolgen zu streben und somit zum Erfolg des Unternehmens beizutragen. Wenn Mitarbeiter/innen bestimmte Entscheidungen als eigene wahrnehmen, setzen sie sich engagierter für deren Umsetzung ein; das ist längst bekannt. Eine kooperative Mitarbeiter/innenführung gilt zudem als Ausdruck einer »souveränen Führungspersönlichkeit«. Das stimmt an sich und kann die Zusammenarbeit am Arbeitsplatz nicht nur angenehmer gestalten, sondern auch bereichern. Allerdings nur dann, wenn sich alle, von oben bis unten, wirklich daran halten; das jedoch ist in der Realität nur selten anzutreffen, vor allem nicht in großen Unternehmen.

Selbstverständlich muss eine Führungskraft die Belange des Unternehmens berücksichtigen und mit der Unternehmensleitung kooperieren. Leider wird dies auch dann von ihr erwartet, wenn sie bei deren Entscheidungen nicht zu Rate gezogen wurde und sich die »Oberen«, wie im Fall Ulrike, äußerst unkooperativ verhalten, ihre Entscheidung lediglich als Befehl bekannt geben und dessen Durchsetzung ohne Diskussion verlangen.

Von einem Menschen mit Durchsetzungsfähigkeit wird erwartet, dass er sich nicht so leicht etwas gefallen und sich nicht durch die Meinung anderer in seinem Vorhaben abbringen lässt. Im Falle von Widerständen bei anderen heißt Durchsetzung, auf bestimmten Auffassungen zu beharren. Durchsetzungsvermögen gilt als Ausdruck eines unnachgiebigen Verhaltens. Im althergebrachten Sinne stellt man sich jemand vor, der autoritär auftritt – wenn es sein muss. Doch Letzteres wird im heutigen Führungsverständnis zu Recht als problematisch betrachtet. Karriereratgeber empfehlen, durch ruhige und sachkundige Präsenz zu überzeugen. Was aber noch viel problematischer ist und nicht gesagt wird, ist die Aufforderung, Menschen »vorzugaukeln«, man würde ihre Belange berücksichtigen und man schätze es, wenn sie sich zu Wort melden, obwohl die tatsächlichen Machtverhältnisse ganz klar anders verteilt sind. Die Kooperation wird dann zur Farce.

Während meiner Studienzeit arbeitete ich vorübergehend in einer amerikanischen Firma als Aushilfssekretärin im Büro des Geschäftsführers. Rationalisierungsmaßnahmen wurden als notwendig erachtet. Den Angestellten wurde mitgeteilt, dass das Unternehmen, weil es sparen müsse, es sich nicht mehr leisten könne, Kaffee kostenlos zur Verfügung zu stellen. Die Reaktion der Betroffenen war heftig, sie fühlten sich gekränkt. Auf ihren Protest hin erklärte sich die Geschäftsleitung zu einem vermeintlichen Entgegenkommen bereit: sie beschloss, den Kaffee für einen weiteren Monat zu gewähren und erst anschließend mit den Kürzungen zu beginnen. Man mag es glauben oder nicht, aber die Ruhe kehrte wieder ein und ein Protest gegen die eigentlichen Rationalisierungen, nämlich Stellenkürzungen und Kündigungen, blieb aus. Der Geschäftsführer erläuterte mir, einer Studentin, die noch viel von der wirklichen Welt zu lernen hatte, sein gezieltes Vorgehen und dessen psychologische Wirksamkeit: Die Untergebenen hätten damit das Gefühl bekommen, etwas »zu sagen« zu haben. Gleichzeitig wäre ihnen klar geworden, dass alle zusammenhalten müssten, um die Firma vor dem Untergang (der faktisch keineswegs bevorstand) zu bewahren.

Dieses Beispiel zeigt, dass es in der Praxis nicht um

Kooperation, sondern um Machtinstinkt und Durchsetzungsvermögen geht. Es sind nicht wirkliche Argumente, die zählen, sondern es kommt darauf an, wer sich und die eigenen Interessen oder die des Unternehmens am besten »durchzudrücken« vermag. Doch wie weit muss jemand kommen, um das alles zu durchschauen und um sich gegebenenfalls der widersprüchlichen Forderung nach Kooperationsfähigkeit und Durchsetzungsvermögen zu entziehen? Leider erkennen viele, die noch an den Anfängen oder auf mittleren Stationen ihrer Karriere stehen, nicht, wie sehr sich alle hier etwas vormachen.

Die Unsinnigkeit solcher widersprüchlichen Aufforderungen wie »Sei kooperativ und setz dich durch« wird selten hinterfragt. Auch deshalb nicht, weil jeder meint, dass man sich anstrengen müsse, wenn man Erfolg haben will. Der Erfolg könne einem nicht leicht gemacht werden, glauben viele. Erfolgreiche Menschen hätten schwierige Situationen zu meistern – wenn alles einfach wäre, könnte man sich den Erfolg doch gar nicht als verdient zuschreiben, so behauptet die Indoktrination der Erfolgsschizophrenie. Der Gedanke an das protestantische Arbeitsethos drängt sich unweigerlich auf, das die Welt des modernen Managements nach wie vor trägt. Die Aufforderung »Sei kooperativ und setz dich durch« bringt die Schizophrenie der Erfolgswelt auf den Punkt. Vielleicht kommt Ihnen beim Lesen dieser Doppelbotschaften in den Sinn, dass jemand von allem etwas haben und sich in der Mitte bewegen sollte. Ja, das hört man oft. Doch dann droht Gefahr der »Mittelmäßigkeit«. Und Mittelmaß beschert einem schon gar keinen Erfolg, so heißt es.

Wir haben es hier mit besonders fatalen schizophrenen Gegebenheiten der Berufs- und Karrierewelt zu tun. Es ist wie mit dem Sohn, dem die Mutter zum Geburtstag eine rote und eine blaue Krawatte schenkt. Um die Mutter zu erfreuen, bindet sich der Sohn sofort die rote um den Hals, woraufhin die Mutter mit Enttäuschung reagiert und nur sagt: »Die blaue gefällt dir wohl nicht.« So wie diesem Sohn ergeht es auch unseren Karrieremacher/inne/n bei den sich ständig widersprechenden Anforderungen aus der Karrierewelt. Ist es verwunderlich, wenn das Leben auf diese Weise immer weniger Spaß bereitet und solche Menschen sich immer mehr zurückziehen? Ein Rückzug allerdings, der darin besteht, noch mehr zu arbeiten, in der Hoffnung, es eines Tages vielleicht doch allen recht machen zu können.

Gedankenspiel

Stellen Sie sich vor, *Sie arbeiten in einem Unternehmen, in dem man Sie so schätzt, wie Sie sind, mit allen Ihren Stärken und Schwächen. Niemand drängt Sie, Dinge zu tun, die Sie gar nicht tun können. Sie müssen nicht ständig Angst haben, dass das, was Sie machen, anderen nicht gefallen könnte. Es ist Ihnen erlaubt, sich je nach Situation so zu verhalten, wie Sie es gerade für richtig befinden.*

Weil Sie wissen, was Sie wollen und was Sie können, müssen Sie nicht ständig darüber nachdenken, was andere von Ihnen halten. Sie sind frei. Sie werden respektiert, selbst wenn Sie mit Belangen ankommen, die den anderen nicht gefallen.

In Besprechungen können Sie sich fragen: »Wie wichtig ist es mir, meine Überlegungen mitzuteilen?« Ist es Ihnen wichtig, sprechen Sie frei und selbstsi-

cher, weil Sie es aus innerer Überzeugung heraus tun. Ob es sich um eine Kritik handelt oder um einen Vorschlag oder lediglich um einen Kommentar, stets akzeptiert und respektiert man Sie mit dem, was Sie sagen, weil alle spüren, dass Sie voll dahinter stehen. Wenn Ihre innere Stimme Ihnen sagt: »Nein, es ist mir nicht wichtig«, können Sie mit innerer Gelassenheit der Besprechung folgen.

Es geht nicht mehr darum, sich hervorzutun und durch besondere Leistungen aufzufallen. Wenn jemand Ihnen die Erledigung zusätzlicher Aufgaben anträgt, die nicht in Ihr Aufgabenfeld fallen, fragen Sie sich: »Wie wichtig ist es mir, das zu übernehmen?« und sagen dann aus innerer Überzeugung entweder zu oder ab. Weil Sie aus einem sicheren Gefühl heraus wissen, was Sie wollen und was nicht, fällt es Ihrem Gegenüber leicht, Ihre Neins und Jas zu akzeptieren, man weiß, woran man bei Ihnen ist. Gerade das schätzt man an Ihnen. Wenn Sie das Gefühl haben, genug erreicht zu haben, gesteht man Ihnen das zu, keiner sagt Ihnen: »Aber du kannst noch mehr!«

Weil Sie wissen, was Sie wollen, fällt es Ihnen leicht, mit Gelassenheit an Sachfragen genauso heranzugehen wie an Menschen, gleich, ob Vorgesetzte, Kolleg/inn/en oder Untergebene. Wenn Sie eine ausgefallene Idee haben, warten diese gespannt darauf, zu erfahren, wie Sie die Idee umsetzen wollen. Die umständliche Einhaltung hierarchischer Wege wird Ihnen so weit wie möglich erspart.

Weil Sie Sie selbst sein können, fällt es Ihnen leicht, Ihre Mitmenschen so zu lassen, wie sie sind. Wenn es Ihnen wichtig ist, sich um die Belange anderer zu kümmern, gesteht man Ihnen das zu und wenn es Ihnen nicht wichtig ist, brauchen Sie keine Anteil-

nahme vorzutäuschen. Niemand zwingt Sie, hinter
etwas zu stehen, das Sie nicht akzeptieren.
Niemand erwartet von Ihnen einen bestimmten Le-
benslauf. Im Gegenteil, voller Neugierde möchte man
erfahren, was Sie bisher gemacht haben und wel-
chen Einfluss Ihr Werdegang aus Ihrer Sicht auf Ihre
ganz persönliche Entwicklung hatte.

Geht es Ihnen gut, während Sie das lesen? Oder sagen
Sie sich jetzt: »Das wäre zwar schön, aber in unserer
Firma ist das undenkbar.« Ich weiß, die Erfolgswelt lässt
wenig Raum für ein solch selbstbewusstes Auftreten. Sie
gesteht kaum jemandem wirklich zu, aus einer inneren
Überzeugung und Gelassenheit heraus man selbst zu
sein.

Die fürchterliche Kraft
der Widersprüche

Originalität und Konventionalität, Individualität und
Opportunität, soziale Kompetenz und Egoismus, Viel-
seitigkeit und Festlegung, Kooperation und Durchsetzungsvermögen, all das sind Merkmale, die von erfolgreichen Menschen erwartet werden, obwohl sie sich gegenseitig ausschließen.
Die Widersprüche der Erfolgswelt führen einen schnell
dahin, über deren schizophren anmutenden Charakter
nachzudenken. Schizophrenie ist heute ein allgemein
verwendeter Begriff, über dessen Hintergrund jedoch
nur wenige Bescheid wissen. Oder wissen Sie's?
Ein bekannter Erklärungsansatz zur Entstehung von
Schizophrenie stammt von dem amerikanischen Wis-

senschaftler Gregory Bateson[6]. Er sieht so genannte Double-bind-Beziehungen als Ursache für ein schizophrenes Verhalten. Dieser Ansatz lässt sich meines Erachtens gut auf die Erfolgswelt und die dort anzutreffende Schizophrenie übertragen.

Eine Double-bind-Situation im Verständnis von Bateson hat zur Voraussetzung, dass eine Person eine enge Beziehung zu einer anderen hat. Auf Grund dieser engen Beziehung ist es ihr besonders wichtig, das, was das Gegenüber sagt und erwartet, genau zu verstehen, um sich angemessen verhalten zu können. Wenn nun aber in den Äußerungen des Gegenübers zwei sich einander widersprechende Botschaften gleichzeitig zum Ausdruck kommen, dann ist die Person mit einer »doppelten Botschaft« konfrontiert. Sagt z. B. die Mutter zum Kind »Ich liebe dich« und nimmt dabei gleichzeitig eine abweisende Körperhaltung mit vorwurfsvollem Gesichtsausdruck ein, dann wird das Kind nicht wissen, ob die Mutter es nun liebt oder nicht liebt. Charakteristisch für eine Double-bind-Beziehung ist es, dass die abhängige Person, in diesem Fall das Kind, nicht ansprechen kann oder darf, dass sich die zwei Botschaften gegenseitig ausschließen. Das heißt, es kann der Mutter nicht sagen, dass das, was es hört und sieht, nicht zusammenpasst. Die Mutter wäre höchstwahrscheinlich gekränkt und würde sich vom Kind zurückziehen. Doch das will das Kind auf jeden Fall vermeiden.

In einer ganz ähnlichen Situation befinden sich all jene, die nach großen beruflichen Erfolgen streben. So wie ein Kind zu den Eltern, haben karriereorientierte Menschen eine enge Beziehung zum Erfolg, die oft enger ist als die zu ihren Mitmenschen. Es ist ihnen außerordentlich wichtig, zu erkennen, was von ihnen verlangt wird, um erfolgreich zu sein. Wie das abhängige Kind, so kann und darf auch der erfolgsabhängige Mensch die Widersprüche, die aus der Erfolgswelt kommen, nicht ansprechen und sich dagegen wehren. Denn sofort liefe er Gefahr, vom Erfolg ausgeschlossen zu werden.

Das Fatale an Double-bind-Beziehungen ist, dass man sich aus der widersprüchlichen Lage weder zurückziehen noch die Botschaften ignorieren kann. Stellen sie einen permanenten Zustand dar, können sie schizophrene Störungen nach sich ziehen, die heute noch dem Bereich der Psychiatrie zugeordnet sind. Diese führen dazu, dass sich die betroffene Person in eine Scheinwelt flüchtet. In Extremfällen haben wir es mit Halluzinationen oder Wahnvorstellungen zu tun. Was Außenstehende vielleicht am meisten irritiert, ist die Tatsache, dass Menschen, die im psychiatrischen Sinne als schizophren gelten, durchaus wissen, dass das, was sie erleben, nicht wahr ist, sie es aber dennoch als wahr erleben. Glaubt z. B. jemand, er sei Napoleon, dann weiß er sehr wohl, dass er gar nicht Napoleon sein kann, weil der längst tot ist und es verrückt ist, so etwas zu glauben. Und dennoch ist es für ihn ein echtes Erleben, wenn er sich als Napoleon wahrnimmt. Oder wenn jemand Stimmen hört, die ihm schreckliche Dinge ins Ohr flüstern, dann weiß er zwar, dass das nur in seiner Vorstellung existiert, aber dennoch hört er diese Stimmen.

Der englische Psychiater Ronald Laing sagt, dass das, was wir als schizophrenes Erleben und Verhalten bezeichnen, lediglich eine bestimmte Lebensstrategie ist, die Menschen entwickeln, um in einer Situation zu leben, in der man eigentlich gar nicht leben kann.[7]

Unser heutiges Streben nach Erfolg ist keineswegs weit entfernt von solchen »Verrücktheiten«. Die Welt des Erfolgs ist eine Welt voller Widersprüche und es erstaunt geradezu, dass nicht alle, die sich darin tummeln, schon längst »übergeschnappt« sind. – Vielleicht sind es schon viele und es geht lediglich um die Frage, was als »normal« gilt und wie ein bestimmtes Verhalten gesehen wird. Unter den ausgesprochen erfolgsorientierten Menschen gibt es solche, die glauben, sie würden eines Tages zu den »Besten« gehören. Dafür übernehmen sie sich ständig in ihren eigenen Fähigkeiten und Grenzen. Sie tun Dinge, die Außenstehenden als völlig irrwitzig erscheinen. So arbeiten sie beispielsweise bis zur völligen Erschöpfung und manche geben auch nach einem bereits eingetretenen Herzinfarkt nicht auf. Durch ihre ständige Überarbeitung verletzen sie sich selbst, psychisch und körperlich. Sie wissen darum, was für ein sinnloses Unterfangen es ist, zu den Besten gehören zu wollen. Da so viele nach dem Gleichen streben, ist es fast ein Ding der Unmöglichkeit und kann in keinem Fall von Dauer sein. Auch wenn sie sich dessen bewusst sind, sind sie dennoch davon überzeugt, es schaffen zu können.

Erweist sich die Karriere als schwierig, streben viele mit noch mehr »Verbissenheit« nach dem, was sie erreichen wollen. Unruhe, die Angst, »es« nicht zu schaffen, Hektik, Nervosität setzen sich im Inneren immer mehr fest. In dem – oft wahnhaft anmutenden – Glauben, nur Erfolgreiche seien wertvolle Menschen, leben sie ihr Leben, ohne es wirklich zu erleben. Der Zwang, noch mehr leisten zu müssen, bis hin zu dem schon krankhaft anmutenden Ziel, eines Tages zu »den Besten« zu gehören, zehrt an den Kräften. Die Befürchtungen, dass andere nicht mit ihnen zufrieden sein könnten, nehmen ihnen jegliche Freiheit für ein selbstbestimmtes Leben. Sie werden zu Gefangenen des Erfolgs, inmitten eines Gefängnisses, an dessen Aufbau sie selbst aktiv beteiligt waren – auch das ist ein Ausdruck der Erfolgsschizophrenie.

Die innere Armut des Erfolgs

Der Psychiater Laing beschreibt, wie im Zustand der Schizophrenie die »innere Welt« immer mehr verarmt, bis der betroffene Mensch sich als ganz leer und leblos empfindet. »Das Gefühl, alles tun zu können, und das Gefühl, alles besitzen zu können, existieren so Seite an Seite mit einem Gefühl der Impotenz und Leere«, schreibt Laing in seinem Buch »Das geteilte Selbst«[8]. Ähnlich ergeht es den Erfolgsmenschen. Auch sie kennen das Gefühl, dass die ganze Welt ihnen offen steht und sie alles tun und besitzen können, wenn sie sich entsprechend anstrengen. Geld, Reichtum, Macht, Ansehen, Berühmtheit, Anerkennung, Auszeichnungen, umgeben von Leuten, die es auch zu etwas gebracht haben, und noch viele Dinge mehr fallen ihnen ein, wenn sie an den Erfolg und die »Karriere« denken.

Gleichzeitig empfinden viele ihr Leben als leer und zweifeln an ihren Fähigkeiten. Letzteres gestehen sie sich allerdings nur selten ein, vor allem nicht die jüngeren Semester. Um Zweifel erst gar nicht aufkommen zu lassen, arbeiten sie immer mehr, gierig nach weiteren Erfolgen. Sie halten es nie lange in einer bestimmten Karriereposition aus, sie wollen schnell weiterkommen, am liebsten in die Vorstandsetage. Sie tun alles, um erfolgreich zu sein, auch wenn sie wissen, dass der Erfolg nie anhält. Gleichzeitig haben sie den Eindruck, dass sie ihr derzeitiges Leben so leben, wie sie es eigentlich gar nicht möchten.

Schizophrenie schwächt. Auch stark erfolgsbetonte Menschen werden mit zunehmendem Erfolg schwächer. Nicht nur körperlich. Ebenso wenn es darum geht, eigene Standpunkte zu vertreten oder sich dem Leben in vollen Zügen zu widmen.

Albert war ganz oben, fünf Jahre im Vorstand eines weltweit tätigen Konzerns. Inzwischen ist er pensioniert und er erzählt in einem Interview bereitwillig von den Machtspielen, der Einsamkeit und den Angriffen, denen er in dieser Position stets ausgesetzt war. Auch darüber, dass man auf Vorstandsebenen offensichtlich nur noch in einer Art und Weise miteinander spricht, die jegliche persönliche Überzeugung, Meinung und Standpunkt vermissen lässt. Zurückhaltung sei stets angesagt, so Albert. »Wenn Sie erst einmal ganz oben angekommen sind«, sagt er, »dann müssen Sie auch den letzten Rest von sich aufgeben, sonst halten Sie sich dort nicht lange.« Albert hat eine steile Karriere hinter sich. Zeit für seine Frau und seine vier Kinder blieb dabei so gut wie gar nicht. Die vielen Reisen, die Auslandsaufenthalte, der permanente Einsatz für den Konzern, all das sei sehr interessant gewesen, erzählt Albert. Doch es hätte ihm das Leben auch arg verkürzt. Aus heutiger Sicht, sagt er, lohnt sich so ein Aufwand nicht wirklich. Zugegeben, viel Geld hat er gemacht. Dienstwagen mit Chauffeur, Dienstvilla, exklusive Hotels, viele Dinner mit den ganz Großen aus Wirtschaft und Politik, im Rampenlicht der Wirtschaftsmedien zu stehen und überhaupt zu den ganz wenigen der Topspitze zu gehören, das alles war schon sehr reizvoll für Albert. Was die Macht und den Einfluss in einer solchen Position betrifft, reagiert Albert etwas zögerlich. »Sie haben immer noch den Aufsichtsrat über sich, die Vorstandskollegen, denen Sie nicht wirklich trauen können, neben sich, und all das, was unter Ihnen geschieht, ist so komplex, dass Sie zwangsläufig nicht wirklich darauf Einfluss haben«, so Albert.

»Letztlich war ich auch nur ein Teil in der Maschinerie.«

Ob er glücklich war? Ja, immer dann, wenn er einen Karrieresprung geschafft hatte, so Albert. Dann aber fing sofort die Arbeit wieder an und oft blieb nicht einmal die Zeit, sich zu fragen, ob ihn das alles überhaupt zufrieden stellte. »Wahrscheinlich war es gut so, denn wenn man zu viel nach dem Sinn fragt, würde man doch die Leere erkennen müssen, die sich hinter all dem Glanz und Brimborium verbirgt«, meint Albert. Ob er sich ein anderes Leben hätte vorstellen können? »Nein, wenn ich ehrlich bin, nicht. Ich war, und ich bin es immer noch, ein sehr zielstrebiger Mensch, den es reizte, Herausforderungen anzunehmen«, gibt Albert offen zu. Gibt es etwas, das er sich für all die Jahre gewünscht hätte? Albert: »Zeit. Mehr Zeit für meine Kinder, auch für meine Frau. Mehr Ruhe und Gelassenheit vielleicht auch hin und wieder. Mehr Zeit für das Leben, ja, so könnte man es sagen.«

Albert wirkt sehr ausgeglichen und abgeklärt. Doch man kann ihn sich gut vorstellen, wie er sich in jüngeren Jahren im hektischen Karrierealltag vorwärts bewegte, zielstrebig, fordernd, ohne sich von allzu viel Gefühlen beeinflussen zu lassen, durch all die widersprüchlichen Anforderungen hindurch, sich immer wieder behauptend. Auch von seiner Frau bleibt ein Bild. Sie ist in Zurückhaltung geübt und richtet sich in ihrem eigenen Leben stets nach Albert. Viele Stunden ihres Lebens wartete sie darauf, dass er nach Hause kam, und nahm viele Enttäuschungen hin, etwa wenn eine wichtige Geschäftssache wieder einen der wenigen Familienausflüge platzen ließ und auch im Urlaub das Telefon nie stillstand. Der älteste Sohn Alberts übrigens starb in seinem

26sten Lebensjahr an einer Überdosis Heroin. Doch darüber will Albert nicht mehr sprechen.

Unterhält man sich mit Menschen, die ihre Karriere hinter sich haben, über die erzielten Erfolge, so stellen sie sie durchaus in Frage. Auch Albert meint, vieles lohne sich nicht wirklich. Sie erklären, dass sie auf ein Leben mit weniger Stress und mit mehr Zeit für sich selbst und eigene Interessen Wert legen würden, wenn sie noch einmal von vorne anfangen könnten. Sie bedauern, dass ihnen die innere Ausgeglichenheit abhanden kam und sie wegen der Karriere oft auch Gelegenheiten zum Glücklichsein verpasst haben. Doch ganz im Widerspruch dazu wissen sie, dass ihnen ein anderes Leben gar nicht gelungen wäre, ganz so wie auch Albert zugibt, dass er sich wegen seiner Zielstrebigkeit und dem Reiz, Herausforderungen anzunehmen, ein anderes Leben nicht vorstellen könnte.

Die Mehrheit all derer, die nach Erfolg streben, kommt im beruflichen Alltag nicht so weit nach oben wie Albert. Dennoch wollen viele von ihnen das nicht wahrhaben und geben sich dem Irrglauben hin, dass das Streben nach Erfolg sich in jedem Fall lohne.

Arbeiten könnte Spaß machen, ob allein oder zusammen mit anderen. Sich mit Dingen beschäftigen, die einen interessieren, neue Ideen entwickeln, etwas zum Abschluss bringen, das könnte Befriedigung verschaffen. Das ist es auch, womit die Arbeit in der Erfolgswelt schmackhaft gemacht wird. »Arbeit macht das Leben süß«, haben wir von klein auf gehört, doch jeder kennt den bitteren Beigeschmack dieses Leitsatzes. »... Nichtstun macht es schöner«, hört sich da schon viel süßer an.

Kapitel 4

Die Kinder des Erfolgs: Selbstverwirklichung, Ansehen, Macht und Geld

Ist es für Sie gar nicht so schlimm mit dem Erfolg?

Schließlich bringt er auch schöne und angenehme Seiten mit sich. Es freut uns, wenn wir etwas geleistet und geschafft haben. Berufliche Erfolge ermöglichen uns unsere Selbstverwirklichung. Und nicht zu vergessen: Der Erfolg bringt Ansehen, Macht und Geld mit sich. Warum also den Erfolg verwerfen?

Die Selbstverwirklichung, das Ansehen, die Macht und das Geld sind tragende Motive des Erfolgsstrebens und sie geben eine Antwort auf die Frage, warum so viele Menschen versuchen, sich den Widersprüchen der Erfolgswelt zu unterwerfen, und alles Mögliche und Unmögliche versuchen, um Erfolg zu erzielen, und warum sie nicht einem bequemeren und geruhsameren Leben den Vorzug geben.

Lockmittel
»Selbstverwirklichung«

Ein Grund dafür, warum Menschen ungeheure Anstrengungen auf sich nehmen, um erfolgreich zu sein, hat mit der Ansicht zu tun, wir alle müssten stets etwas für unsere Selbstverwirklichung tun.

Selbstverwirklichung ist zu einem Schlagwort geworden, das im Zusammenhang mit Erfolg und Karriere nie fehlt, aber auch nicht in Berichten über das Hausfrauendasein, in denen die Selbstverwirklichung als außerordentlich gefährdet angesehen wird. Längst hat sich in den meisten weiblichen und männlichen Köpfen die Vorstellung festgesetzt, nur als berufstätiges Wesen könne der Mensch zu seiner Selbstverwirklichung gelangen. Warum ausgerechnet Arbeit zur Selbstverwirklichung führen soll, fragt sich kaum jemand.

Die Idee der Selbstverwirklichung geht zurück auf den Protestantismus, durch den die Arbeit eine besondere Aufwertung erfuhr. Erfolg im Arbeitsleben deutete man als Hinweis für die Wohlgesinntheit Gottes, und Arbeit wurde zur Berufung durch Gott, was in der Bezeichnung »Beruf« bis zum heutigen Tage zum Ausdruck kommt. Es entwickelte sich die Vorstellung, dass der Mensch nur als arbeitendes Wesen zu Gott und damit zu seiner Selbstverwirklichung finden könne.

Mit Gott wird heute in der Erfolgs- und Karrierewelt nicht mehr argumentiert, mit Selbstverwirklichung aber umso mehr. Die meisten von uns haben nahezu völlig unreflektiert die Vorstellung verinnerlicht, dass wir über die Berufswelt zu unserer Selbstverwirklichung und damit zu unserem Lebensglück gelangen. Insbesondere Frauen betonen, dass der Beruf für ihre Selbstverwirklichung wichtig sei, und setzen sich außerordentlichen

Belastungen aus, um berufliche Karriere und Familie in Einklang zu bringen. Dabei übersehen sie, dass das Argument der Selbstverwirklichung seinen Ursprung in dem von Männern entworfenen Arbeitsethos hat.

Das Elitäre der Selbstverwirklichung

Der Psychologe Abraham Maslow schenkte dem Aspekt Selbstverwirklichung besondere Aufmerksamkeit. Seine Arbeiten, die aus den 40er-Jahren stammen, werden heute nach wie vor in Seminaren zur Arbeitswelt präsentiert, obwohl sie weder empirisch noch theoretisch einer Überprüfung standhalten. Maslow betrachtete die Selbstverwirklichung als ein Grundbedürfnis des Menschen. Selbstverwirklichung verstand Maslow als das Bestreben, sich selbst immer mehr zu verbessern und zu vervollkommnen. Maslow glaubte allerdings, dass nur einer Minderheit von Menschen die Selbstverwirklichung gelingen würde. Solche Menschen würden eine Einbindung in Konventionen und Traditionen vermeiden, so Maslow, würden eher im Abseits leben, wären »cool« und fühlten sich anderen Menschen überlegen. Sie halten nur zu wenigen, ausgewählten Menschen eine enge Beziehung aufrecht, obwohl sie auf das Wohlbefinden der Menschheit im Allgemeinen bedacht sind.[9]

Ein zumindest problematisches Verständnis von Selbstverwirklichung, erklärt es doch den ausgesprochen individualistischen und egozentrischen Menschen zum Ideal. Innerhalb der Psychologie erfuhr Maslows Ansatz von verschiedenen Seiten Kritik. Der bekannte Persönlichkeitspsychologe Gordon Allport beispielsweise betonte, dass die reife Persönlichkeit sich dadurch auszeichne, wie sehr Wert auf das Miteinanderleben und die Einbindung in die Gemeinschaft gelegt würde.[10] Ungeachtet dessen wurde Maslow mit seinem Ansatz weltberühmt, vor allem im Bereich der Motivationsforschung, der er seine »Bedürfnispyramide« geschenkt hat.

Maslow nahm an, dass im Menschen, nachdem all seine Bedürfnisse nach Nahrung, Sicherheit, Liebe und sozialer Geborgenheit, nach Ansehen und Geltung (in dieser Reihenfolge) befriedigt wären, schließlich das Bedürfnis nach Selbstverwirklichung erwache. Das Besondere an dem Bedürfnis nach Selbstverwirklichung ist, dass es nicht befriedigt werden kann, dass nach immer mehr Möglichkeiten zur Selbstverwirklichung gesucht wird.

Warum aber strebt der Mensch nicht nach allen von Maslow angenommenen Bedürfnissen gleichzeitig, sondern will eines nach dem anderen befriedigen, und warum möchte der Mensch, wenn er bei der Selbstverwirklichung angelangt ist, immer mehr davon haben, während er dies bei den vorausgegangenen Stufen angeblich nicht tut? Maslows Annahmen sind widerlegt. Beispielsweise erbrachte eine Studie von D. Hall und K. Nougaim, dass auch die Bedürfnisse der ersten vier Stufen, je mehr sie befriedigt sind, umso wichtiger werden und gleichzeitig nebeneinander bestehen bleiben.[11] Konkret bedeutet dies zum Beispiel, wer genug zum Essen hat, will immer mehr und immer auserwählteres Essen, Menschen mit viel Geld streben nach immer mehr Geld, und wer schon viel Ansehen und Geltung erreicht hat, will auch davon immer mehr.

Vielleicht erklärt gerade die Tatsache, dass die Selbstverwirklichung in Maslows Modell eine Sonderstellung erhielt, warum sein Konzept bis zum heutigen Tage fest etabliert und selbst aus den Lehrbüchern noch nicht verschwunden ist. Die Idee der Selbstverwirklichung spricht viele Menschen an. In einer Zeit, in der die Grundbedürfnisse vollauf befriedigt werden, ist die Vorstellung von Selbstverwirklichung ein Faszinosum, das die Leute zu immer mehr Leistungen anspornt. Maslows Verständnis von Selbstverwirklichung passt dazu bestens in die heutige Arbeits- und Erfolgswelt und kommt der Idee, dass der Mensch sich selbst über den Beruf entfalten könne, sehr entgegen. Der Wunsch, sich immer mehr zu verbessern, mehr und mehr aus sich herauszuholen, unterstützt das Erfolgsstreben ganz wesentlich. Sogar der sich zunehmend isolierende Mensch, der auf Grund der vielen Arbeit keine Zeit mehr für soziale Kontakte hat, sowie der, der gleichgültig und damit auch rücksichtslos gegenüber anderen wird – um seines eigenen Erfolgs willen –, hat seinen Platz in Maslows Konzept, und zwar ganz oben auf der am meisten erwünschten Position.

Tatsächlich aber lassen Beruf und Erfolg die Entfaltung der eigenen Fähigkeiten und Möglichkeiten nur begrenzt zu. Wegen Stress, langen Arbeitstagen, Fremdbestimmtheit der Arbeit und der Arbeitszeit bleibt wenig Raum, sich zu fragen, ob es das überhaupt ist, was man wirklich will, ob man davon tatsächlich noch mehr will oder ob man eigentlich damit zufrieden sein könnte, mit dem, was man bereits erreicht hat.

Psychologisch betrachtet hat das Streben nach »Selbstverwirklichung« über den Beruf und die Karriere ausgesprochen negative Konsequenzen für das Selbstwertgefühl erfolgsorientierter Menschen.

»Sei stets unzufrieden mit dir, dann bist du nie gut genug«

Sabrina ist eine außergewöhnliche Frau. Sie ist eine angesehene Fotografin und arbeitet in einem renommierten Fotostudio. Schon oft hat sie mit ihren ausgefallenen Aufnahmen bewiesen, zu welchen Leistungen sie fähig ist. Bei Spezialaufträgen geht jeder selbstverständlich davon aus, dass Sabrina ihn hervorragend hinkriegen wird. Aber niemand weiß, wie sehr Sabrina an ihren Leistungen zweifelt. Nur sie selbst sieht die kleinen Ungereimtheiten, die ihr, wie sie meint, oft unterlaufen. Manchmal ist Sabrina regelrecht ärgerlich darüber, dass alle sie so gut finden. Sie fühlt sich dann total überfordert und will am liebsten alles hinschmeißen. Der ganze Stress mit den Terminen, die Probleme mit dem Labor, das viele Unterwegssein und immer die Forderung, alles müsse perfekt sein – manchmal bringt sie das einem Nervenzusammenbruch gefährlich nahe.

Sabrina sieht gut aus und ist bei allen beliebt. Immer hat sie eine witzige Bemerkung parat, sie weiß, dass andere das toll an ihr finden. Sabrina hasst sich dafür. »Wenn die wüssten, wie ich wirklich bin, wären die keineswegs so zufrieden mit mir«, da ist sich Sabrina sicher.

Sabrina ist in den Augen anderer eine Karrierefrau, in ihren eigenen jedoch nicht. Auch deshalb nicht, weil sie die Fotografie nicht von der Pike auf gelernt hat, sondern durch Zufall, wie sie sagt, dazugekommen ist. Ein Freund hatte Sabrinas Fähigkeiten erkannt und sie ins Studio geholt. Sabrina mag ihren Beruf. Aber manchmal fragt sie sich, ob sie nicht noch mehr für ihre Selbstverwirklichung tun könnte. Und ihr kommt in den Sinn, mal woanders zu arbeiten. Sechs Jahre ist sie nun in diesem Studio. Anscheinend ist sie gar nicht so vielseitig, wie andere von ihr glauben. Doch, so fragt sich Sabrina weiter, würde sie es überhaupt schaffen, einen anderen Job zu bekommen, zumal der Markt eng ist und es wirklich gute Konkurrenz gibt? »Ich brauche mir gar nichts vorzumachen«, sagt Sabrina sich, »ich würde ohnehin nicht versuchen, mich auf eine andere Stelle hin zu bewerben.« Ihr Chef ist sich darüber im Klaren und deshalb, so Sabrina, ziert er sich ständig mit einer Gehaltserhöhung, die bei ihrer Leistung dringend angesagt wäre. Aber: »Vielleicht ist er doch nicht mit mir zufrieden«, meint Sabrina, während sie die nächste Aufnahme vorbereitet.

Sabrina ist ein typisches Beispiel für ein geringes Selbstwertgefühl. Obwohl sehr erfolgreich und in ihrer Arbeit anerkannt, ist sie mit ihren Leistungen und deshalb auch mit sich selbst nicht zufrieden. Auffällig ist, wie sehr Sabrina sich selbst und ihren eigenen Wert über die Berufsarbeit definiert. Ihre anderen Eigenschaften, z. B. ihr Witz und Humor, ihre Beliebtheit, zählen für sie nicht, ganz im Gegenteil, Sabrina hasst sich dafür. Bestimmt gäbe es bei Sabrina noch vieles, was sie zu einem wertvollen Menschen macht. Darüber denkt Sabrina offensichtlich nicht nach.

Sabrina ist mit einem solchen Verhalten keineswegs allein. Sie steht stellvertretend für viele, denen der Beruf und der damit verbundene Erfolg das Wichtigste im Leben ist. Viele sind heutzutage der festen Ansicht, nur der gelange zu seiner Selbstverwirklichung, der im Beruf etwas Außerordentliches schafft – nur dann sei er auch ein wertvoller Mensch. So kann sich nur ein einseitiges und deshalb defizitäres Selbstwertgefühl entwickeln. Wie sollen wir dann mit uns selbst zufrieden sein und dem eigenen Leben positiv gegenüberstehen?

Das Selbstwertgefühl drückt aus, inwieweit man sich selbst schätzt und mit sich zufrieden ist. Menschen, denen es schwer fällt, sich zu mögen, befürchten stets, andere könnten ebenso unzufrieden mit ihnen sein und sie deshalb ablehnen.

Kindheitserfahrungen spielen für die Entwicklung des Selbstwertgefühls ebenso eine Rolle wie andere Einflüsse im Lauf des Lebens. Wer als Kind nur für bestimmte Leistungen, etwa gute Schulnoten, Anerkennung und Zuneigung von den Eltern erhielt, wird Schwierigkeiten haben, sich selbst als wertvollen Menschen zu sehen. So jemand läuft als Erwachsener Gefahr, sein Selbstwertgefühl ausschließlich aus der Berufsarbeit und den dort erbrachten Leistungen zu holen. Unsere Arbeits- und Leistungsgesellschaft unterstützt solche Tendenzen, weil sie den Einzelnen antreibt, immer mehr aus sich herauszuholen. Und es funktioniert so gut, dass kaum jemandem gesagt werden muss, er solle etwas für sein Weiterkommen tun. Der Einzelne setzt sich selbst die hohe Messlatte – und wie jeder weiß: Um selbstaufgestellte Forderungen bemüht man sich mehr als um die von außen kommenden.

Je höher die Messlatte, umso mehr gehen viele verkrampft und »verbissen« an ihre Aufgaben. Das Wort Gelassenheit scheint nicht mehr zu existieren. Anstatt nach dem Sinn zu fragen, zweifeln sie an sich selber. Auch Sabrina. Ihr geringes Selbstwertgefühl lässt sie beispielsweise ein Gespräch über Gehaltserhöhung vermeiden. Sie erkennt zwar, dass ihre Arbeit mehr Geld wert ist, stellt diese aber gleichzeitig in Frage.

»Mach unendlich weiter,
bis in die Ewigkeit!«

Erfolgsorientierte Menschen sind nie mit dem zufrieden, was sie schon erreicht und geleistet haben. Deren Streben nach Selbstverwirklichung lässt sie immer weiter eilen und immer mehr und immer Besseres schaffen. Wohin das führen soll und wann es denn genug sei, darauf finden sie keine Antwort. Die Erfüllung ihrer Selbstverwirklichung – ganz im Sinne Maslows – liegt jenseits des Horizonts. Und der ist unerreichbar. So stehen sie hilflos vor ihren übersteigerten Ansprüchen.

Hinzu kommt, wie auch im Fall Sabrina, dass gerade Karrierefrauen sich selbst gar nicht als solche sehen, vor allem dann nicht, wenn sie auf unkonventionellem Weg zu ihrem Erfolg gelangt sind. Sie betrachten sich als nicht gleichwertig zu anderen in ähnlichen oder gar untergeordneten Positionen. Sie glauben, ihnen fehle etwas. Wie mit einem Makel behaftet, fühlen sie sich minderwertig und glauben, sie »dürften« ihre Position eigentlich gar nicht ausfüllen. Anstatt ihren beruflichen Werdegang als eine besondere Leistung anzuerkennen, wertet Sabrina sich selbst und ihr Können ab. Mit solchen Denkfehlern ist sie ganz dem konventionellen und traditionellen Karriereverständnis verhaftet. Sie könnte sie korrigieren. Sabrina bräuchte sich nur bewusst zu machen, dass sie mit ihrer Unkonventionalität auch »wer« ist, aber daran hat Sabrina bis jetzt noch gar nicht gedacht.

Wer sich dem Kampf nicht stellt,
bleibt in Sicherheit

Fatal ist die Annahme karrierebewusster Menschen mit geringem Selbstwertgefühl, sie dürften nicht zu lange in ein und derselben Position oder Firma bleiben. Es könnte ihnen nachgesagt werden, so ihre Befürchtung, sie hätten nicht genug »Kampfbereitschaft«, um sich auch anderswo zu profilieren. Selbst jene, die innerhalb der Firma Erfolg hatten, halten oft wenig von sich, weil sie glauben, sie hätten die Sicherheit des Bekannten verlassen und ihre Fähigkeiten woanders unter Beweis stellen sollen. Damit werten sie sich selbst und das, was sie erreicht haben, wieder ab. Sabrina ergeht es so, und ihre Scheu, sich anderswo zu bewerben, erhält diese Abwertung aufrecht. Anstatt ihre berufliche Absicherung zu genießen, produziert sie Unsicherheit und Selbstwertzweifel mit der unbeantworteten und überflüssigen Frage, ob sie woanders überhaupt einen Job bekommen würde. Auch wenn sie ihn bekäme, würde ihr das nicht unbedingt helfen, ihr Selbstwertgefühl zu stabilisieren. Sicherlich fände sie neue Zweifel. Der Komiker Groucho Marx (von den Marx Brothers) sagte einmal, die Vertreter der bürgerlichen Gesellschaft karikierend: »Es würde mir nicht im Traum einfallen, einem Klub beizutreten, der bereit wäre, jemanden wie mich als Mitglied aufzunehmen«,[12] und brachte so das Problem mit dem Selbstwertgefühl auf den Punkt.

Im Einzelfall mögen spezifische Ursachen, in der jeweiligen Biografie eines Menschen wurzelnd, hinter einem geringen Selbstwertgefühl stehen. Doch angesichts der Tatsache, dass wir in der Berufswelt so selten Menschen antreffen, die sich selbst gut genug und mit dem, was sie erreicht haben, zufrieden sind bzw. sich damit zufrieden geben, würde eine lediglich psychologisierende Betrachtung zu kurz greifen. Es sind auch gesellschaftliche Wertvorstellungen, die den Einzelnen prägen.

Zu den Besten gehören

Zu den »Besten« zu gehören ist in der Welt des Erfolgs mittlerweile ein Grundwert. Im Zusammenhang des ständigen Konkurrenzkampfs gibt es die Auffassung, dass nur die Besten überleben werden. Das gelte für den Einzelnen ebenso wie für Unternehmen. Wegen der so genannten Globalisierung sei mit scharfer Konkurrenz aus anderen Ländern zu rechnen, die den heimischen Markt besetzen. Die Behauptung steht, dass für Unternehmen in der Zukunft vor allem ein Prinzip gelten wird: »Du musst in deinem Spezialgebiet der Beste sein oder im schlimmsten Fall der Zweitbeste.« Ansonsten wäre man im neuen Jahrtausend nicht konkurrenzfähig und der Untergang damit gewiss.[13] Diese Auffassung haben inzwischen nicht nur Firmen verinnerlicht. Während sich bei Geschäftsumsätzen das Ziel, zu den »Besten« zu gehören, noch in konkreten Zahlen ausdrücken lässt, geht das in vielen anderen Bereichen nicht. Lediglich die Gehaltsstufe ist noch ein klarer Indikator. Titel oder Ehrenauszeichnungen, eine bestimmte Art von Arbeit, Einsatz und Engagement lassen den Erfolg nicht mehr eindeutig messen. »Biste was, haste noch lange nichts«, diese Wahrheit sollten sich all jene bewusst machen, die durch übermäßiges Arbeiten einen großen Teil ihres Lebens opfern – für etwas, das ihnen noch nicht mal die entsprechende Entlohnung bringt. Akademische Titel sind der beste Beweis dafür. Universitäten und Forschungsinstitute sind voll von ehrgeizigen Menschen, die sich mit den Konditionen schlechter Zeitverträge und extrem niedriger Gehälter zufrieden geben. Viele von ihnen haben sich längst damit abgefunden, dass sie nicht reich werden. Doch zu Ruhm und Ansehen innerhalb ihrer »Zunft« könnten sie es dennoch bringen. Und diese Aussicht »spornt« an.

Sehen und gesehen werden

Ruhm und Ansehen sind Teil des Erfolgs und der Karriere. Sie tragen zum Status eines Menschen bei. Bestimmte Berufe sind in unserer Gesellschaft grundsätzlich mit hohem Ansehen verbunden, unabhängig davon, welche tatsächliche Leistung jemand erbringt; beispielsweise werden Ärzte oder Richter als wichtig für den Erhalt der Gesellschaft angesehen. Die »richtige« Berufswahl gewährleistet damit bereits ein gewisses Maß an Ansehen. In den meisten Berufen kommt es jedoch darauf an, sich das Ansehen erst einmal zu »erarbeiten«, wobei es hierbei nicht unbedingt um die Arbeit selbst geht, sondern darum, Zutritt zu bestimmten gesellschaftlichen Kreisen zu erlangen und sich dort Geltung zu verschaffen.

Elvira und Ernst sind eingeladen. Bankdirektor Gelderling gibt eine Sommernachtsparty. Viele Leute sind da. Elvira und Ernst sind erstmals im Hause Gelderling und fühlen sich geehrt. Ernst hat vor kurzem die Fabrik seines Vaters übernommen. Elvira und Ernst werden herumgereicht und den anderen Gästen vorgestellt. »Ah, wir haben schon viel von Ihnen gehört« und »Wie schön, Sie kennen zu lernen«, sind die Begrüßungsformeln. Ernst fühlt sich noch nicht so recht wohl, er weiß, er muss sich genau überlegen, was er in Gesprächen sagt. Alle kommen ihm etwas steif vor, er sich selbst auch. Doch für Ernst ist die Einladung wichtig. Einige der Herren sind im Rotarierclub und wenn er da aufgenommen werden würde, wäre das von Vorteil, so Ernst.
Die Frauen bewundern Frau Gelderlings Haus und

Garten und das exzellente Buffet, das Feinkost Fliege geliefert hat. Schnell kommen sie ins Gespräch über die Kinder und darüber, wie hervorragend diese sind. Reiten wird zum Thema, denn die Tochter von Rechtsanwaltsgattin Seier (Dr. Seier ist auf Arbeitsrecht spezialisiert) ist ganz vernarrt in Pferde. Die Frauen haben sich viel zu erzählen, über Pferde und Töchter. Am kleinen runden Tisch neben dem Biotop hat Ernst Platz genommen. Immobilienhändler Häusler und Gutsbesitzer von Glückstein diskutieren gerade den asiatischen Börsenmarkt. Die Umsitzenden geben engagiert Kommentare dazu wie »Richtig!« oder »Ja, das muss bedacht sein.« Brauereibesitzer Biermann bringt zwischendurch einen kleinen Witz ein, der die anderen fürchterlich zum Lachen bringt. Direktor Gelderling kommt dazu und meint, er sei heute außer Dienst und würde nicht über Geldanlagen sprechen. Allgemeines, heiteres Gelächter umwirbt ihn. Frau Gelderling kommt ebenfalls hinzu; sie will die Herren nicht unterbrechen, so sagt sie, ihnen aber doch mitteilen, dass das Buffet nun eröffnet sei. Der Herr Bundestagsabgeordnete Stimmenfänger mit Gattin sei zwar noch nicht eingetroffen, doch man wüsste ja, dass Politiker so viele Verpflichtungen haben ... Da kommt das Paar gerade und wird mit viel Applaus begrüßt.

Möchten Sie auch zu dieser Party geladen sein? Oder würden Sie lieber zur Vernissage in der alten Brotfabrik gehen?

Iris und Oliver halten in ihrem schwarzen Mercedes Cabrio vor dem alten Fabrikgebäude und sind etwas gereizt. Hatten sie doch wieder einen Streit darüber, dass Oliver sich im Straßenverkehr immer benimmt wie »der große Zampano«, so jedenfalls sieht es Iris. Kaum betreten sie den Ausstellungsraum, verfliegt all der Zwist. Beide sind sofort eingenommen von vielen »Hallöchen« und »Du siehst toll aus«, es gibt Küsschen links und Küsschen rechts. Viele freuen sich offensichtlich, Iris und Oliver zu treffen. Iris und Oliver betreiben ein Inneneinrichtungsgeschäft und sind auf ausgefallenes Design spezialisiert.

Eben kommt Rüdiger herein, geht schnurstracks auf Walter, den Veranstalter der Vernissage, zu und fragt ihn laut lachend und sich umsehend: »Wer ist denn hier wichtig, wen muss ich kennen lernen?« Alle, die es hören, lachen mit. Rüdiger wird Iris und Oliver vorgestellt.

Es wird viel geredet; von der Party am vergangenen Mittwoch bei Schauspieler Gilbert, auf der es heiß hergegangen sein soll, keiner von den Umstehenden war allerdings dort; von der letzten Vernissage in der alten Mühle, alle waren sie dort; vom Café Sülzer, in dem die Schickeria sich neuerdings trifft und wohin man deshalb nicht mehr gehen könne, wie sie alle bedauern; vom Film »Rossini« und dessen Kreativwert. Ein paar Stunden vergehen, das Ganze löst sich auf und alle um Iris und Oliver herum beschließen, doch noch zum Café Sülzer zu fahren. Im Auto fragt Iris ihren Oliver, ob er sich die Bilder angesehen hätte. »Wann denn?«, fragt Oliver mürrisch, denn nun ist er verärgert, weil Iris wieder mit all den Männern geflirtet hat.

Gefällt Ihnen dieser Event auch nicht? Sie finden, beide Beispiele seien ohnehin zu klischeehaft? Das mag sein. Doch jeder, der sich in »höheren« Kreisen oder in der

»Szene« der Jungkarrieristen bewegt, weiß, wie ober-
flächlich solche »gesellschaftlichen Einladungen« verlaufen. Dabei zu sein ist dennoch wichtig für all jene, die
es zu »etwas« bringen wollen.

»Und was machst du?«

Wer Erfolg haben will, ist darauf angewiesen, von anderen wahrgenommen zu werden. Die Frage, was
man denn beruflich mache, ist fester Bestandteil eines
Gesprächs mit Leuten, die man gerade neu kennen
lernt, und sie wird in der Regel gleich zu Anfang gestellt. Jemand mag ein sehr interessanter, liebens-
würdiger, intelligenter Mensch sein, wenn er sich seinen Lebensunterhalt als Taxifahrer verdient, zählen
seine menschlichen Qualitäten ziemlich schnell ziemlich wenig. Vermutet wird, er müsse ein Problem haben,
wenn er es mit seinen Fähigkeiten nicht zu mehr gebracht hat. Auch wenn er längst seinen Lebenssinn gefunden hat und mit sich und seinem Leben zufrieden
und glücklich ist, bedeutet das wenig und wird nicht
ernst genommen. Nur was jemand im Beruf an Erfolgen
vorzuzeigen hat, bestimmt seinen Wert; der natürlich
ausschlaggebend ist, ob es sich überhaupt lohnt – für
die eigene Karriere – einem solchen Menschen Zeit zu
widmen.
Elvira und Ernst mögen ihr Ansehen erhöhen, wenn sie
unter den »Honoratioren« verkehren, ebenso wie Iris und
Oliver sich durch regelmäßiges Erscheinen in »ihren
Kreisen« Geltung und Ansehen verschaffen. Der Erfolg
braucht Menschen, die ihn bewundern.
Zwar mangelt es erfolgsorientierten Menschen oft an
wirklichen Freunden, weil sie zu sehr in ihre Erfolgsambitionen verstrickt sind und gar nicht die Zeit für Treffen

mit Leuten haben, die für den eigenen Erfolg nichts »bringen«.

»Ich habe jetzt beschlossen, mich privat nur noch mit Leuten zu treffen, von denen ich persönlich etwas habe, weil ich einfach keine Lust mehr habe, meine Zeit lediglich mit irgendwelchen Leuten zu verbringen. Das kann man sich heute auch gar nicht mehr leisten«, meinte eine Bekannte mir gegenüber. »Was ihr wohl das Zusammensein mit mir bringt?«, ging es mir unweigerlich durch den Kopf.

Um nicht als sozial verwaister Erfolgsmensch dazustehen, legen viele Wert auf eine große Anzahl von Bekannten. Das Beispiel von Iris und Oliver illustriert das. Sie ziehen ihre »Show« ab, auf Vernissagen oder anderen Schickeriatreffpunkten und sind wahrscheinlich wie Rüdiger darauf bedacht, »wichtige« Leute kennen zu lernen. Zur entsprechenden »Szene« zu gehören ist unabdingbar, für Jungkarrieristen und Yuppies genauso wie für Leute aus »gediegeneren« Kreisen. Lediglich die Szenerie wechselt. Aus Bekanntschaften zu Menschen, die es selbst zu etwas gebracht haben, erhofft man sich »Beziehungen«, die den eigenen Erfolg unterstützen.

Geschäfts-»Freundschaften«

Die Suche nach den Geheimnissen des Erfolgs hat die Geschäftsfreundschaften in den Blickpunkt gerückt, wobei die Betonung hier auf dem ersten Wort liegt. Roland Arndt hebt in seinem Buch »Geschäftsfreundschaften« hervor, dass der Aufbau eines freundschaftlichen Verhältnisses zu Geschäftspartnern es erleichtert, »am gleichen Strang« zu ziehen.[14] Das mag richtig sein, und dennoch erweist sich eine solche geschäftlich-sachliche »Freundschaft« schnell als anstrengend. Man kann sich nicht frei äußern, es gilt, stets die Kontrolle zu behalten und zu überlegen, was man sagt. Man ist freundlich zueinander und gleichzeitig gehemmt. Arndts Buch lässt sich als ein wohl gemeinter Versuch begreifen, das Berechnende der Erfolgswelt etwas menschlicher zu gestalten. Trotzdem: die Basis gegenseitigen Vertrauens schwindet, je höher man kommt und je mehr man zu bieten hat.

Mittlerweile ist sogar die Rede davon, dass wir lernen müssten, andere zu lieben – um des eigenen Erfolgs willen, wie in dem von Lance Secretan vertretenen »Seelenmanagement«[15]. Der Begriff Liebe ist hier genauso fehl am Platz wie das Wort Freundschaft, angesichts der berechnenden Grundhaltung des Ansatzes.

Versetzen wir uns nochmals in die Geschichte von Elvira und Ernst. Können Sie sich vorstellen, dass Ernst den Bankdirektor Gelderling und all die anderen, die für den Erfolg von Ernsts Fabrik eines Tages wichtig werden könnten, lieben lernt? Dass er offen und ehrlich – ganz so wie unter richtigen Freunden – über seine finanziellen Probleme mit der Fabrik sprechen kann, darüber dass der Betriebsrat Forderungen stellt (und zwar ganz zu Recht, wie Ernst findet), die der auf Arbeitsrecht spezialisierte Dr. Seier aber mit Leichtigkeit vom Tisch fegen kann? Was wäre, wenn Elvira sich weigern würde, mit den Damen, die sie langweilig und doof findet, einen ganzen Abend in anstrengendem, weil nichts sagendem Gespräch zu verbringen?

Vielleicht würde gar nichts passieren. Einen Kredit von der Bank würde Ernst wahrscheinlich auch dann bekommen, wenn er keine »freundschaftliche« Beziehung zu Gelderling pflegt, solange sich der Kredit für die Bank rentiert. Dr. Seier würde Ernst in Sachen Arbeitsrecht sicher jederzeit vertreten, solange Ernst ihn dafür entsprechend bezahlt. Elvira und Ernst könnten stattdessen den Abend mit Freunden aus alten Zeiten verbringen, die vielleicht ganz andere Wege als sie beschreiten, mit denen das Zusammensein aber immer sehr lustig ist, viel Spaß macht und überhaupt nicht anstrengend ist. Weil sie sich ohnehin längst kennen, auch in ihren Stärken und Schwächen, kommt es nicht auf das »Ansehen« an. Sie können sich sogar über gegensätzliche Ansichten streiten, ohne dabei die Freundschaft oder die »Gunst« des anderen zu verlieren. Wäre das nicht viel entspannender?

Der Faktor Macht

Wem Ansehen wichtig ist, dem geht es sicher auch darum, in den Karrierehierarchien eine gewisse Machtposition zu erlangen. Ansehen und Macht sind Versprechungen, mit denen Menschen sich nicht selten auf den Weg der Karriere locken lassen. Wer sich davon angesprochen fühlt, mag ein stark ausgeprägtes Geltungsbedürfnis haben.

Der Tiefenpsychologe Alfred Adler hat dem Geltungsbedürfnis besondere Aufmerksamkeit gewidmet. Er ging von der Tatsache aus, dass wir alle als Kinder von der Versorgung und Hilfe durch Erwachsene abhängig waren.[16] Dadurch entwickelten sich zwangsläufig gewisse Minderwertigkeitsgefühle. Aus einem vermeintlichen Gefühl der Zurückgesetztheit entsteht dann ein Bedürfnis, sich zur Geltung zu bringen und »nicht als der Niemand zu erscheinen, zu dem man Kinder so oft zu machen versucht«, schreibt Adler (S. 328). Konkret zeigt sich dies beispielsweise in Phantasievorstellungen von Kindern, in denen sie sich als Helden sehen, die andere retten, »der Grund zu einem brennenden unersättlichen Ehrgeiz ist gelegt« (S. 36). Ein stark vertieftes Minderwertigkeitsgefühl führt zu einem Geltungswettkampf. Daraus resultiert schließlich, dass das Ziel des persönlichen Strebens nach Geltung überaus hoch angesetzt wird, was die Unterwerfung des anderen verlangt (S. 245/246), also Verlangen nach Macht über Mitmenschen.

Adler zufolge geht das Streben nach Macht mit einem »mangelhaften Gemeinschaftsgefühl« einher, die Betroffenen denken nur noch an sich und ihre Interessen. Für Adler war deshalb eines der wichtigsten Erziehungsprinzipien, »das Kind ernst zu nehmen, als gleichwertig anzusehen, es nicht herabzusetzen oder mit Spottreden zu überhäufen, nicht komisch zu finden, weil das Kind alle diese Äußerungen ... als drückende aufnimmt« (S. 328/9). Nur so lassen sich Persönlichkeitsstörungen vermeiden.

Alice Miller hat in ihrem Buch »Am Anfang war Erziehung« gut nachvollziehbar aufgezeigt, wie bestimmte elterliche Erziehungsweisen, die vom Kind als außerordentlich demütigend erlebt werden, zu einem ausgeprägten Machtverhalten im Erwachsenenalter führen können.[17]

Doch das Streben nach Geltung und Macht ist nicht lediglich ein individuelles, persönliches Bedürfnis und von der eigenen Kindheit abhängig, wie man vielleicht annehmen möchte. Es muss durchaus im Kontext sozialer und gesellschaftlicher Beziehungen gesehen werden. Das wird in der Welt des Erfolgs ganz besonders deutlich.

Aus der neueren Sozialpsychologieforschung wissen wir, dass Streben nach Macht nicht etwas Angeborenes ist, sondern in der Interaktion mit dem sozialen Umfeld entsteht. Das soziale Umfeld der Erfolgs- und Karrierewelt verändert Menschen und treibt sie geradezu in gewisse Machtstrukturen, aber auch Machtverhaltensweisen hinein, die sie selbst vielleicht nicht einmal gewollt haben.

Uwe ist ein ehrgeiziger Mensch. Christina weiß das, sie hat zwei Jahre mit Uwe in einer Marketingfirma zusammengearbeitet. Als Gruppenleiter war Uwe ihr unmittelbarer Vorgesetzter. Das Verhältnis war gut, beide hatten das Gleiche studiert, ähnliche Lebenseinstellungen. Überhaupt war das ganze Team gut aufeinander eingespielt. Christina und ihre Koleg/inn/en luden Uwe zu Partys ein und sprachen auch über persönliche Erfahrungen und Schwierigkeiten mit ihm. Inzwischen sind zehn Jahre vergangen. Uwe wurde bald zum Abteilungsleiter befördert und heute ist er einer der drei Geschäftsführer des Unternehmens. Christina ist immer noch in derselben Position wie zu Beginn. Lediglich ihr Gehalt hat sich erhöht. Sie blickt zurück auf den Werdegang Uwes und stellt fest, dass Uwe zu vielen den Kontakt verloren hat. Er umgibt sich hauptsächlich mit Menschen auf seiner Einflussebene. Christina glaubt, dass er hin und wieder noch ein persönliches Interesse an einzelnen seiner früheren Kolleg/inn/en und Mitarbeiter/innen verspüre. Doch das könnte ihn schnell in Gewissensnöte bringen und seine Loyalität der Firma gegenüber gefährden, so Christina. Keinesfalls würde er sich jetzt noch genauso mit ihnen unterhalten, wie er das früher tat, meint Christina. Uwes Position erlaubt es nicht mehr, auf persönlicher Ebene zu interagieren, weder für die ehemaligen Kolleg/inn/en noch für Uwe. Christina kommt zu dem Schluss: »Jetzt ist er in dieser Machtposition, aber er hat nicht mehr das Verhältnis zu den Leuten, wie er es früher hatte. Und wir ärgern uns alle, dass er so viel von uns weiß.«

Gerade in der Erfolgswelt wird die Macht für viele zum Dreh- und Angelpunkt. Wer etwas erreichen will, braucht Macht und Einfluss, heißt es. Deshalb sollten Manager ständig darum bemüht sein, ihre Machtposition auszubauen, und ihren Machtbereich vergrößern. Nur so könnten sie eigene Ziele erreichen. Vom »persönlichen Machtbewusstsein« ist viel die Rede, es wird als etwas ausgesprochen Positives hingestellt. Mit ihm sei der Erfolg gewiss. Doch Macht grenzt auch aus, wie Uwes Beispiel zeigt. Man ist nicht mehr wie die anderen und wird deshalb mit Misstrauen betrachtet. Untergebene reagieren schnell mit Angst und Unsicherheit. Sie wissen nicht, ob und wie lange ihnen der Mensch in der mächtigen Position wohlgesinnt sein wird, selbst wenn er früher sogar ein Freund war. Warum ist das so? Experimentelle Untersuchungen zeigen, dass Menschen, wenn man ihnen eine Machtposition bzw. Machtmittel zuweist, diese auch einsetzen; sie versuchen dann, die »Untergebenen« zu beeinflussen. Auch bewerten sie Menschen, die sie gar nicht kennen, die aber im Experiment die Untergebenenrolle einnehmen, eher negativ. Aber auch das Verhalten der »Untergebenen« beeinflusst ihr Machtverhalten. So löst ein Gehorsamsverhalten beim Machtinhaber die Überzeugung aus, er sei anderen Menschen überlegen. Wenn die Abhängigen ihm auch noch schmeicheln, verstärkt dies sogar den Eindruck der eigenen Überlegenheit mit der Folge, dass die »Untergebenen« noch mehr abgewertet werden. Daraus resultiert schließlich die Neigung, die Distanz zu den Menschen in unterlegenen Positionen zu erweitern.[18] Das obige Verhalten Uwes entspricht dem ganz und gar – und ist somit sogar verständlich.

Die »Freiheiten« der Macht

Den Mächtigen ergeht es wie den Besten. Sobald sie dem inneren Zirkel angehören, geht es darum, diese Position zu halten. Aber die vermeintliche Handlungsfreiheit wird durch so genannte Sachzwänge begrenzt und eingeschränkt. Es gilt, das zu tun, was von einem erwartet wird. Finanzielle Druckmittel und der Verweis auf die Ehre werden eingesetzt, um die Mächtigen auf ein bestimmtes Verhalten einzuschwören. Vieles geschieht so aus Berechnung, auch aus Angst. Denn für die Mächtigen steht die Macht stets auf dem Spiel. Die oberen Posten sind sehr begehrt und die Gunst der Mächtigen zu erhalten, ist das Ziel all derer, die selbst an der Macht teilhaben wollen, einem vielleicht aber auch die Macht aus der Hand nehmen. Die Angst, die Macht wieder zu verlieren, macht nicht selten opportun, korrupt und kriminell. Die vielen Korruptions- und Bestechungsskandale zeugen davon.

Macht hat auch eine positive Wertung erfahren, und diese ist aus der Erfolgswelt nicht mehr wegzudenken. Mit Macht verschaffe man sich Freiheiten und ohne Macht könne man nichts bewirken, heißt es. Interessant an dieser Behauptung ist die Tatsache, dass es oft genau umgekehrt ist: Nicht diejenigen, die die Macht haben, verändern, sondern die, die sie nicht haben.

Es gibt zahlreiche Beispiele, wie Menschen zu einem Zeitpunkt Veränderungen erzielt oder Einschneidendes bewirkt haben, sei es gesellschaftlich, politisch oder wirtschaftlich, als sie noch nicht »mächtig« waren.

Viele derjenigen etwa, die Ende der 60er-Jahre gegen das Establishment kämpften und zu gesellschaftlichen Veränderungen beitrugen, haben inzwischen beruflich Karriere gemacht. Nicht wenige von ihnen sitzen in einflussreichen Positionen – nun tragen sie zum Erhalt des

Establishments bei. Die Massen, die in der ehemaligen DDR zu den Montagsdemonstrationen strömten, waren keine Vertreter der Macht, und dennoch waren sie es, die zum Systemwechsel maßgeblich beitrugen, wenn auch mit einem Ausgang, den sich die meisten von ihnen anders vorgestellt hatten. Die wenigen von ihnen, die nun an der Macht teilhaben, fördern die Anpassung an neue, vielfach ungewollte Machtverhältnisse. Wir können uns auch der Umweltbewegung zuwenden. Sie wurde in den 70er-Jahren von Menschen initiiert, die über keinerlei politische Macht verfügten. Inzwischen agieren diese als politische Partei mit Machtbefugnissen und siehe da, auch sie sind angepasst. Wirtschaftsunternehmen, die zu lange von den gleichen Leuten geführt werden, sind dem Untergang geweiht; das prophezeien Wirtschaftsexperten zwar immer wieder, doch die jeweiligen Machtinhaber lassen sich davon wenig beeindrucken und geben den Stuhl freiwillig nicht frei. Die Folge ist Stagnation.

Sobald die Machtleiter erklommen und ein Platz im Machtgefüge geschaffen wurde, wollen die meisten ihn behalten. Um der Macht willen fällt es ihnen offensichtlich leicht, von ursprünglichen Idealen abzurücken.

Power statt Macht?

Das Wort Macht hat im Deutschen einen negativen Beigeschmack, es erinnert an Unterdrückung und so ist man in der Erfolgswelt längst dazu übergegangen, den englischen Begriff »power« zu verwenden. Power steht für Kraft, Energie und Macht zugleich. Power kann im positiven wie im negativen Sinne verwendet werden – eine zweischneidige Sache.

Das Wort Power ist aus den Seminar- und Trainingsveranstaltungen für Karrierist/inn/en nicht mehr wegzudenken. Und sicher ist es beabsichtigt, die Teilnehmer/innen mit der changierenden Wortbedeutung zu locken. Wenn etwa ein eintägiges Powerseminar zum Zeitmanagement angeboten wird, denkt man sofort an ein besonders leistungsstarkes, auf einen Tag konzentriertes Seminar. Gleichzeitig ist der Hinweis enthalten, mit der Teilnahme an diesem Seminar der eigenen Power, sprich Macht, einen Schritt näher zu kommen. Insbesondere Frauen wird gesagt, dass Power für sie sehr wichtig sei, um eigene »Ohnmachten« zu überwinden und sich in der Erfolgswelt der Männer zu behaupten.

Viele Erfolgsuchende halten nach Rezepten Ausschau, mit denen sich an die Macht kommen lässt. Bücher, die zum erfolgreichen Management anleiten wollen, raten etwas psychologisch sehr ausgeklügelt Scheinendes, das sich bei genauer Betrachtung jedoch als sehr plump erweist: Verhilf Mitarbeiter/inne/n auf allen Ebenen, »vom Pförtner bis zum Abteilungsleiter, zu einem Gefühl ihrer eigenen Macht und Stärke«, schreibt Diane Tracy in ihrem Buch *Die Machtpyramide.*[19] Damit würden sie zum höchstmöglichen Einsatz für das Unternehmen motiviert und auf diese Weise den eigentlich Mächtigen zum Erfolg verhelfen.

Mitarbeiter/innen zu Spitzenleistungen anzuhalten, um die eigene Macht auszuweiten: Tracy weist in diesem Zusammenhang darauf hin, dass die hier Gemeinten sich oft nicht vorstellen können, hoch gesteckte Anforderungen zu erfüllen, oder sie gar als unmenschlich empfinden, solange die Erfahrung eigener Spitzenleistungen noch nicht gemacht wurde.

Mit anderen Worten: Diese Mitarbeiter kennen das Hochgefühl nicht, das sich einstellt beim Erreichen von Erfolg und Macht, sie sind noch nicht süchtig danach. Die machtbewusste Führungskraft sollte deshalb, ähnlich dem Drogendealer, den Untergebenen langsam nach und nach das Kombinationspräparat Arbeit–Erfolg–Macht verabreichen. Und so stellt sich Tracy das vor:

> »Ihre Aufgabe ist es, Ihre Untergebenen Schritt für Schritt, fast unmerklich so weit zu bringen, dass sie das Planziel erfüllen und auf diese Erfüllung stolz sein können. Dies ist Ihnen dann geglückt und wird deutlich, wenn die Ihnen unterstellten Mitarbeiter ihrerseits beginnen, an ihre eigenen Mitarbeiter ebenfalls hohe Ansprüche zu stellen. Wenn Ihre Mitarbeiter frustriert und verwundert reagieren, weil Leute die Vorgaben nicht erfüllen können, die sie selbst vor einem halben Jahr noch für eine Zumutung hielten, haben Sie Ihre Aufgabe mit Bravour erfüllt.« (S. 53f.)

Möchten Sie auf diese Weise bemächtigt und ermächtigt werden?

Der Stress mit dem Geld

Geht es Ihnen in Ihrer Karriere gar nicht um Macht, sondern darum, genügend Geld zu verdienen, mit dem Sie sich ein angenehmes Leben finanzieren können?

> Hans steht in einem großen Raum, aber wo nur? Wertpapiere werden ihm vors Gesicht gehalten, er kann sie nicht lesen. Lange Tabellen mit Aktienkursen tapezieren die Wände und verschwimmen vor Hans' Augen. Es ist schrecklich. Warum sieht er so

schlecht? »Renditen, Renditen, Renditen«, hört er Stimmen flüstern. Da: Ein großer hagerer Mann in schwarzem Anzug geht in langen Schritten an ihm vorbei, ein schelmisches Grinsen auf dem Gesicht, das sieht Hans nun ganz genau. Zwei große Pilotenkoffer aus Aluminium trägt er. »Vermögensverwalter« steht auf der Krawattennadel dieses Mannes. Doch schon ist er weg. Hans will ihm hinterherlaufen, aber seine Beine fühlen sich an wie Blei, er kommt nur schwer vorwärts. Schweißgebadet wacht Hans auf. Seine Frau fragt ihn, was denn los sei. Hans antwortet nur: »Das verstehst du nicht.«

Geldfragen können Kopfzerbrechen hervorrufen, selbst Albträume. Investments, Inflation, Steuereinsparungsmöglichkeiten, Renditen, Aktienkurse, Börsenkräche, solche Dinge werden zu Lebensthemen von Leuten, die gemeinhin als erfolgreich gelten. Ganze Berufszweige sind damit beschäftigt, mit und über Geld zu arbeiten, das nicht ihr eigenes ist. Wer sehr viel Geld besitzt, muss risikofreudigen Geldspekulanten und Vermögensverwaltern das Vertrauen schenken, eine höchst stressreiche Angelegenheit. Verständlich also, wenn die Reichen den Ärmeren immer weiszumachen versuchen, dass Geld nicht das Wichtigste im Leben sei – obwohl es das faktisch für viele ist, genauso wie für die Ärmeren, denen Geld fehlt und die deshalb immer darüber nachdenken, wie sie zu mehr kommen könnten.

Tatsache ist: Geld ist das Mittel zu einem angenehmen Leben. Nur wer ausreichend davon hat, kann sich die Dinge leisten, die »Herz« und »Kopf« begehren. Von daher ist es verständlich, dass alle viel Geld wollen. Lässt sich doch damit das Leben um so vieles erfreulicher gestalten. Schnelles Auto, ein schickes Loft oder Haus im Grünen, elegante Kleidung, Schmuck, alles nur vom Feinsten, auf Reisen in luxuriösen Hotels absteigen; Speisen in Edelrestaurants, umgeben von fünf Obern, wer möchte das nicht? Es scheint sehr an Überheblichkeit zu grenzen, wenn all diejenigen, die sich das leisten können, behaupten, dies wäre nicht das Gelbe vom Ei. Selbstverständlich ist ein schönes Leben auch mit weniger Geld denkbar und materieller Luxus ist keineswegs notwendig. Dennoch ist Geld ein Anreiz für die meisten Menschen heutzutage. Dafür gibt es mehrere Gründe.

Arbeiten, um zu kaufen

Unser Streben nach Geld hängt ganz wesentlich mit unserem Wirtschaftssystem zusammen, das auf Produktion, Verkauf und Kauf basiert. Mit der Notwendigkeit, erst einmal Geld ansparen zu müssen, um Bedürfnisse zu befriedigen, verlagert sich das Denken von der Gegenwart auf die Zukunft. Die Massenproduktion einer Vielfalt an Gütern braucht Bedürfnisse zum Kaufen bzw. Konsumieren. Heute sind riesige Marketingabteilungen damit beschäftigt, psychologische Erkenntnisse zu missbrauchen und immer neue Bedürfnisse zu wecken, die die Vermarktung der produzierten Konsumgüter gewährleisten; ob sie wirklich gebraucht werden, spielt dabei keine Rolle.

Die Konsumentenhaltung ist Voraussetzung für den Erhalt der Geldökonomie wie auch der Produktionsstätten. Und der Konsumzwang hat sich längst zum Konsumrausch entwickelt. Die Kaufsucht ist für viele Leute zur Ersatzbefriedigung geworden,[20] dient aber auch als Ausgleich zum kräftezehrenden Arbeiten. Aus einer Unzufriedenheit mit sich und dem Leben heraus wird eingekauft.

»Wenn es mir schlecht geht und ich Ärger in der Arbeit

hatte, gehe ich in die Stadt und kaufe mir etwas. Dann geht es mir hinterher wieder besser«, erzählt Gerda, eine 45-jährige Prokuristin.

Damit wir uns immer mehr und immer Besseres und Teureres kaufen können, müssen wir immer mehr arbeiten. Ein ewiger Kreislauf.

Für uns ist der selbstzweckdienliche Kreislauf von Produktion, Verkauf und Konsum selbstverständlich. Wir arbeiten in erster Linie dafür, um zu kaufen. Wer keine Arbeit hat, wird nicht nur als Taugenichts und Nutznießer sozialstaatlicher Maßnahmen (sofern vorhanden) verachtet, er kann auch nichts kaufen.

Das Markenlabel – Symbol des Erfolgs?

Soziologen zufolge suchen heutzutage viele ihren Lebenssinn und ihre Identität im Konsum – das Resultat ist eine regelrechte Kultur des Exzesses. Gefragt sind nicht mehr Massenwaren, sondern Designerartikel, die einen symbolischen Wert für die Identität des Einzelnen zum Ausdruck bringen sollen.[21] Jeder glaubt, etwas Besonderes zu sein, und deshalb wollen alle immer mehr Besonderes, am liebsten teure Einzelstücke. Je weniger es davon gibt, umso besser.

Das Bedürfnis nach dem Besonderen zeigt sich nicht nur in gegenständlichen Dingen, die es zu kaufen gibt. In Namibia beispielsweise werden exklusive und entsprechend teure Individualtouren für solche Touristen angeboten, die das Besondere erleben und auch im Urlaub ein eigens für sie ausgearbeitetes Spezialangebot wollen. Selbstverständlich gibt es diese »Individualtouren« massenweise, denn schließlich wollen alle Touristen das sehen, worauf sie sich im Reiseführer schon vorbereitet haben. Und da in allen Namibiareiseführern mehr oder weniger das Gleiche steht, sehen sich auch alle Touristen das Gleiche an, ob pauschal oder »individuell«.

Die Vorstellung von Einmaligkeit und Einzigartigkeit bleibt eine Einbildung, die jedoch das Gefühl vermittelt, auf dem besten Weg zu den Erfolgreichen zu sein. Auch deshalb, weil der Wert des Erfolges vielfach nur in Geld bemessen wird. Jemand mag Hervorragendes leisten, doch wenn er dafür nicht viel Geld verlangt, ist es nichts wert. Ein anderer mag »Schrott« teuer anbieten, und schon reißen sich alle darum. Der Preis kreiert ein Markenlabel, das auf Erfolg verweist. An ihm teilzuhaben, erhöht den Wert all derer, die das Label kaufen.

Mir reichte einmal eine Dame im Anschluss an eine Vertragsbesprechung meinen Mantel und stellte mit ehrlicher Bewunderung dessen Schönheit fest. Im gleichen Atemzug, als sie auf das Etikett an der Innenseite des Kragens blickte, fragte sie, von wem dieser Mantel sei. Unmittelbare Enttäuschung trat auf ihr Gesicht. Beim Anblick des unbekannten Labels ging ihr wahrscheinlich sofort durch den Kopf, dass der Mantel billig war. Recht hatte sie. Ganz sicher aber hatte ich, am Schluss des an sich viel versprechenden Gesprächs, an Ansehen bei ihr verloren.

Auch mit dem Geld und dem materiellen Wohlstand ist es eine zweischneidige Sache. Einerseits schaffen sie Freiheiten, man kann sich vieles leisten und gewisse Unabhängigkeiten nutzen. Gleichzeitig entstehen neue Abhängigkeiten und Verantwortlichkeiten. Eigentum beispielsweise verpflichtet und bindet. Wer ein Haus besitzt, kann nicht ohne weiteres auf und davon und sich irgendwo neu niederlassen, wo es ihm gefällt. Man kann nicht plötzlich weniger arbeiten oder einen Job annehmen, der einem zwar gefallen, aber deutliche Gehaltseinbußen mit sich bringen würde, wenn man bereits ein hohes Maß an finanziellen Verpflichtungen eingegangen ist.

Lebensqualität – besser ohne Karriere?

Allerorten wird von Lebensqualität gesprochen und an Geld gedacht. Ein hoher Lebensstandard, die Verbesserung des materiellen Wohlstands und die Möglichkeit, sich immer mehr Dinge kaufen zu können, zählen für Politiker und Wirtschaftsexperten zur Lebensqualität. Allerdings wird im Zusammenhang mit Lebensqualität ein ganz zentrales Merkmal vergessen: das der Lebenszufriedenheit. Materielle Güter führen nicht notwendigerweise zur Lebenszufriedenheit. Und Wohlstand bedeutet noch lange nicht Wohlbefinden, ebenso wie das Erfolgreichsein noch nicht Reichsein bedeutet.

Aus psychologischer Sicht gehört zur Lebensqualität die Abwesenheit von Stress, ein seelisches und körperliches Wohlbefinden sowie der Spaß und die Freude am Leben.[22] Selbstvertrauen und positives Selbstwertgefühl unterstützen die Lebenszufriedenheit. Voraussetzung dazu ist allerdings die Fähigkeit, das Leben den eigenen Bedürfnissen entsprechend zu leben.

Lebensqualität so verstanden, könnte »Erfolgreich leben« auch etwas ganz anderes heißen als Ansehen, Macht, Reichtum und Wohlstand. Erfolg könnte bedeuten, so zu leben, dass man sich rundum wohl fühlt. Wenn es einem beispielsweise gelingt, sich mit dem, was man bereits hat, zufrieden zu geben; oder sich sein Leben so einzurichten, dass man nur noch wenige Stunden am Tag arbeitet und nicht mehr ständig die Rolle des Karrieremenschen spielen muss, sondern mit einem guten Gefühl zu der Person stehen kann, die man ist. Ein erfolgreiches Leben könnte auch heißen, Chancen vorbeiziehen und sich von ihnen nicht mehr unter Druck setzen zu lassen und dem Vorrang zu geben, woran man Freude hat.

Viele finden eine solche Lebensweise befremdlich und können sie sich gar nicht vorstellen. Es könnte doch langweilig sein. Zwar sehnen sie sich nach mehr innerer und äußerer Ruhe, nach zwanglosen und einfachen Beschäftigungen. Dennoch wollen sie aber auch stets etwas Anspruchsvolles zu tun haben, gefordert sein und ihre Fähigkeiten unter Beweis stellen. Sie wollen wichtig sein und eine Rolle spielen. Das ist das Dilemma des Erfolgsstrebens.

Für das Ziel, zu den Besten zu gehören, wird alles unternommen, was zwar der Karriere dient, jedoch fernab vom vernünftigen Weg körperlichen und psychischen Wohlbefindens ist. Trotzdem liegt es auf der Hand: Nicht die Besten werden überleben, sondern die, die sich schonen. Gesund zu sein, ein gutes Körpergefühl zu haben, sich innerlich ausgeglichen zu fühlen, Dinge zu tun, die einem wirklich Spaß machen, aber nicht zu viel an Einsatz verlangen, all dies könnte auch als Erfolg verstanden werden. Es ist lediglich eine Frage der Definition. Doch eine solche Umdefinition des Erfolgs steht noch aus.

Gedankenspiel

Stellen Sie sich vor, *das Leben dreht sich nicht mehr ausschließlich um Ansehen und Beruf. Vor-*

rang hat die Fähigkeit des Einzelnen, das Leben zu genießen. Die Wertigkeit von Geld und Arbeit hat sich verschoben, die Ansammlung von vielen Status-gütern ist »out«. Alle arbeiten bedeutend weniger und haben deshalb weniger Geld. Produziert wird nur so viel, wie tatsächlich gebraucht wird. Das Streben nach permanentem Wirtschaftswachstum, einher-gehend mit ständiger wirtschaftlicher Unruhe, auf-reibenden Konkurrenzkämpfen und zunehmender sozialer Ungleichheit, ist beendet. Verbesserungen werden dann eingeführt, wenn sie die Lebensquali-tät fördern. Lebensqualität bedeutet in erster Linie Lebenszufriedenheit.

Das kommt Ihnen wahrscheinlich sehr unrealistisch vor, klingt zu sehr nach heiler Welt. Und sicher irritiert Sie die Vorstellung, alle würden weniger arbeiten und deshalb weniger Geld zur Verfügung haben. Doch solche Überlegungen sind gar nicht so weit hergeholt.
Bereits jetzt gibt es eine Reihe von Menschen, die gerne und freiwillig Gehaltseinbußen hinnehmen, um über mehr freie Zeit zu verfügen. Der Geldwohlstand wird ausgetauscht durch den »Zeitwohlstand«. Der Aachener Soziologe Karl H. Hörning hat bereits 1990 eine Studie mit dem Titel »Zeitpioniere« veröffentlicht, die von Men-schen handelt, die sich um spezielle Arbeitszeitverträge bemüht hatten; es war ihr Anliegen, ihre Arbeitszeit zu reduzieren und dafür mehr Zeit für sich zu haben.[23]
Ein Ende des wirtschaftlichen Wachstums können Sie sich wahrscheinlich auch nicht vorstellen und jeder Ökonom mag über meine laienhaften und simpel anmu-tenden Überlegungen lachen. Doch warum sollte keine Wirtschaftsform denkbar sein, die *nicht* auf permanen-tem Wachstum basiert? Warum kann Wirtschaft nicht bedeuten, lediglich so viel zu produzieren, wie benötigt

wird? Warum kann sie nicht auf die Produktion von Überfluss verzichten? Wirtschaftsfachleute werden ohnehin bald anfangen müssen, mit ihrem Expertenwissen über neue Formen des Wirtschaftens nachzudenken, um wachsende Arbeitslosen- und Armutszahlen zu bewältigen. Das Argument, mittels erhöhter Produktion und Kaufkraft würden neue Arbeitsplätze geschaffen, zieht nicht mehr, weil in Fabriken ohnehin bald nur noch ganz wenige Menschen beschäftigt sein werden, die per Knopfdruck Computer und Roboteranlagen betätigen.

Qualität könnte Vorrang haben vor Quantität, in der Produktion ebenso wie im Handel. An Stelle einer Wegwerfgesellschaft könnte sich eine Gesellschaft entwickeln, in der es um den Erhalt geht; um den Erhalt von qualitativ wertvollen Gütern ebenso wie um den Erhalt einer gesicherten Ökologie und um den Erhalt von Lebensqualität des Einzelnen.

Kapitel 5

Die Gefühle
des Erfolgs

Haben Sie sich voll und ganz dem beruflichen Erfolg verschrieben? Dann kennen Sie die widersprüchlichen Botschaften aus der Karrierewelt genauso wie die Verlockungen von Status, Macht und Geld.
Schnell ist man von den im Erfolgssystem herrschenden gesellschaftlichen Zwängen mitgerissen, oft ohne zu merken, was einem geschieht. Die Folge ist unter anderem ein Gefühlsdilemma, das uns das Leben nicht gerade mit Freude, Ungezwungenheit und Leichtigkeit führen lässt.

Markus, 31 Jahre, Mathematiker von Beruf, hat nach Abschluss seines Studiums eine Assistentenstelle an der Universität erhalten, wo er seine Doktorarbeit zielstrebig und mit Glanz und Bravour fertig stellte. An der Uni wollte er nicht bleiben. Sein Ziel war die freie Wirtschaft, in der es viel mehr Geld zu verdienen gibt. Nun ist er in einer Unternehmensberatungsfirma mit internationalem Ruf tätig. Es war sein Traum, dort eine Stelle zu bekommen. Er weiß, dass dafür nur die »Allerbesten« ausgewählt werden und das hebt seinen Selbstwert enorm. Auch weiß Markus, dass ihm diese Tätigkeit den direkten Übergang in eine hochrangige und hoch bezahlte Position in führenden Wirtschaftsunternehmen eröffnen kann. Wer es schafft, den enormen Stress, dem Berater ausgesetzt sind, erfolgreich zu bewältigen, hat unter Beweis gestellt, auch auf verantwortungsvollen Posten zu bestehen. Markus ist sehr stolz auf sich und glücklich, wie er sagt.

Im privaten Kreis erzählt er fast ausschließlich von dieser Beratungsfirma und davon, wie toll sie sei, wie sie sich um die Angestellten kümmere, welche Sonderleistungen sie einräume – die Freunde nervt das schon. Markus identifiziert sich ganz und gar mit diesem Unternehmen. Er fühlt sich in keinster Weise ausgebeutet, obwohl ein permanenter Höchsteinsatz von ihm verlangt wird und es als selbstverständlich erwartet wird, lange Arbeitszeiten, auch an den Abenden und Wochenenden, durchzuhalten. Schließlich wird er sehr gut dafür bezahlt, so Markus. Außerdem macht es ihm Spaß, sich und seinen Vorgesetzten sowie den Klienten zu beweisen, was in ihm steckt und wozu er fähig ist. Es ist fast wie ein Spiel für ihn, sagt er, immer wieder neue Herausforderungen erfolgreich zu bestehen. Im schwarzen Boss-Anzug fliegt er Business-Class oder fährt mit seinem schwarzen BMW zu seinen Klienten. Er gefällt sich gut dabei.

Markus ist ein sehr rationaler Mensch. Er liebt es, mit Zahlen umzugehen, und er versteht sich gut darauf, sein Leben in Zahlen zu planen. In fünf Jahren will er den »Sprung« zum Geschäftsführer irgendeines namhaften Unternehmens geschafft haben. Dann will er heiraten und eine Familie gründen. Eine feste Freundin ist allerdings noch nicht in Sicht. Gefühle kann er sich nicht leisten, sagt Markus, etwas überrascht und irritiert zugleich über meine Frage, ob Gefühle für ihn eine Rolle spielen in seiner Lebensgestaltung. »Ich bin ein absolut vernunftbegabter und rationaler Mensch und so soll es auch sein«, sagt Markus mit einem leichten Lachen, immer noch irritiert. Und weiter: »Gefühle verunsichern nur. Da könnte ja schnell die Angst aufkommen, dass man etwas nicht schafft. Nein, nein«, meint Markus, inzwischen in einem doch eher arroganten Ton.

In der Welt des Erfolgs geht es rational zu. Von Kosten-Nutzen-Rechnungen ist viel die Rede, es geht um mathematisch-logisches Denken, um Umsatzsteigerungen, um Effizienz und Effektivität. Wer etwas für seine Karriere und den Erfolg in der Zukunft tun will, muss einen kühlen Kopf bewahren, heißt es, und darf sich nicht von gefühlsmäßigen Neigungen oder Zweifeln beirren lassen. Ganz so wie Markus. Geradeaus gilt es zu denken, den Zielen hinterher, rational den Herausforderungen ins Auge zu schauen und das »Beste« für sich herauszuziehen. Markus scheint zu wissen, worauf es beim Karrieremachen ankommt, auch wenn er sich lediglich hinter einer Schein-Rationalität versteckt. Denn selbstverständlich durchlebt auch Markus Gefühle. Er spricht sogar darüber, ohne sich dessen bewusst zu sein. Er sagt, er sei »stolz und glücklich«: das heißt, er durchlebt ein absolutes Hochgefühl. Er, der sich Gefühle nicht leisten zu können glaubt, lebt in Wahrheit für dieses eine Gefühl, eines Tages auf dem Siegerpodest zu stehen. Ganz offensichtlich weiß er aber auch, in welch eine labile Situation er sich damit begibt und wie trügerisch dieses Hochgefühl sein kann. Denn er erwähnt die »Angst«, die dabei aufkommen kann, und gerade deshalb sieht er sich lieber als »vernunftbegabten« Menschen. Markus' Erlebniswelt ist ein Beispiel für widersprüchliche Gefühle, die das Erfolgsstreben begleiten, und er steht damit nicht allein.

Im Dilemma der Gefühle

In meinen Interviews habe ich danach gefragt, welche Gefühle mit dem Erfolg assoziiert werden. Übereinstimmend wurden spontan positive Gefühle genannt. Die Rede war von »Freude«, »einem Gefühl von innerem Frieden«, von »Ausgeglichenheit«, »Harmonie« und »Sicherheit«. Für Beatrix, die Universitätsdozentin, bedeutet Erfolg: »Ein Gefühl von Zufriedenheit darüber, dass ich irgendwas geschafft habe. Erleichterung. Auch ein Sich-glücklich-Fühlen, weil etwas geklappt hat oder weil es gut war.«
Doch dann meint Beatrix, dass sie im Grunde Zufriedenheit kaum verspürt »und ein Glücksgefühl eigentlich gar nicht«, wie sie nachdenklich schildert. Denn auch wenn sie etwas geschafft hat, wenn ein Vortrag von ihr auf einem Fachkongress gut angekommen ist oder einer ihrer Artikel zur Publikation angenommen wurde, steht sofort das nächste Ziel an, und das überschattet die Freude und löst Angst bei ihr aus: »... Angst, sehr viel. Und Zweifel, die mich fragen lassen, ob ich auch diesmal gut sein werde. Ob ich das, was ich mir vorgenommen habe, schaffen kann.«
Diese Gefühle lösen bei Beatrix die Vorstellung aus, sofort viel arbeiten zu müssen, um alles zu schaffen. Und schon fühlt sie sich überwältigt und »... gleich total mü-

111

de. Dann denke ich ›O Gott, das auch noch‹. Und frage mich, wie Leute das schaffen, erfolgreich und glücklich zu sein zur gleichen Zeit. ... Bei mir begleitet Arbeit immer so ein Gefühl wie ›O Gott, das ist viel.‹ Und dann nervt es mich, dass ich so denke und so unzufrieden mit mir bin und die Dinge nicht mit Freude machen kann.«

Das Verhältnis von Erfolg zu Gefühlen ist ähnlich wie zu Farben. Erfolg wird mit den schönsten Gefühlen assoziiert, konkret geht er allerdings vielfach mit negativen Gefühlen einher, die meist unterdrückt werden. Auch bei Markus zeigt sich, dass er bestimmte Gefühle offensichtlich unterdrückt, denn er weiß sehr wohl, dass Angst, »es« nicht zu schaffen, aufkommen könnte, wenn er sie zuließe.

Erfolgsuchende Menschen setzen sich ständig einem Gefühlsdilemma aus. Sie erleben die Angst, etwas nicht zu schaffen, und streben gleichzeitig das nächste Ziel an, die Angst unterdrückend.

Gerade in der Welt der Erfolgreichen hat sich eine regelrechte Happiness-Kultur entwickelt; auch Markus, der Gefühle nicht zulassen will, bezeichnet sich als glücklich. Vor allem im »Land der unbegrenzten Möglichkeiten« mit den besonders Erfolgreichen ist jeder total »happy«, ja regelrecht verpflichtet, happy zu sein. Wer es nicht ist, muss zum Psychologen, denn mit ihm scheint etwas nicht zu stimmen. Wie kann denn jemand, der erfolgreich ist, nicht happy sein?

Doch wenn es einem wirklich gut geht, man sich glücklich fühlt und dies mit echter Freude mitteilt, läuft man schnell Gefahr, den Neid der anderen zu erwecken, in unserem Lande auf jeden Fall. Neid richtet sich gewöhnlich gegen andere Menschen, die etwas besitzen, das man ihnen nicht gönnt und das man ihnen am liebsten wegnehmen möchte.[24] Erhält beispielsweise ein Kollege eine Beförderung, auf die jemand selbst gehofft hatte, kommt schnell Ärger auf. Hassgefühle und aggressive Verhaltensweisen können die Folge sein. Interessant ist, dass eine solche Haltung heute keineswegs mehr als unsozial oder unmoralisch angesehen wird, sondern eine positive Wertung erfährt. Denn Neid unterstützt das Wettbewerbsverhalten. Selbst christliche Theologen sehen heute eine »konstruktive Kraft« im Neid – obwohl der Neid lange Zeit als eine der sieben Todsünden galt.[25]

Lösung 1:
Das »positive Denken«?

Vor allem negativ erlebte Gefühle stören beim Erfolgsstreben – sofern sie sich nicht uminterpretieren lassen, wie dies beim Neid geschieht – und so sucht man nach immer neuen Lösungsmöglichkeiten. Eine wird im »positiven Denken« gesehen.

»Positives Denken«, d. h., wir denken, dass es uns gut geht, dass wir gut sind, dass wir alles schaffen werden. Doch so wird die Angst nicht bewältigt, sondern lediglich zugedeckt. Sie kann in Ruhe weiternagen und sich immer tiefer in einen einnisten. Autosuggestive Denkübungen erzielen nur einen vermeintlichen Ausgleich.[26] Aber in der Erfolgswelt ist es ganz und gar verpönt, sich einzugestehen, dass man Ängste verspürt oder es einem schlecht ergeht, also ist die Strategie des positiven Denkens sehr in Mode.

Lösung 2:
Captain Kirk und Mr. Spock?

Auch die Phantasie bietet Auswege aus dem Dilemma mit den Gefühlen. Sciencefictionfilme, insbesondere jene über Raumschiffabenteuer, zeigen, wie man sich die Menschen der Zukunft vorstellt:

Erfolgreiche Kommandanten verkörpern in ihren uniformen Anzügen den Einheitsmenschen der Zukunft. Besonders auffällig: Es handelt sich bei ihnen um ausgesprochen rationale Menschen, die permanent im Einsatz sind und für die es so menschliche Regungen wie Spaß oder Angst nicht mehr gibt. Mit stets ernsten Gesichtern kümmern sie sich ausschließlich um das scheinbar Wesentliche. Durch Gefühle lassen sie sich nicht leiten und sie tun immer das Richtige. Es ist, als hätten diese Menschen der Zukunft es geschafft, sich von allen menschlichen Neigungen, Lüsten und Gelüsten zu befreien; der Protestantismus müsste seine wahre Freude daran haben.

Die außerirdischen Wesen zeigen erst recht keine menschlichen Regungen, keine Gefühlsausdrücke, obwohl sie ansonsten dem Menschen recht ähnlich dargestellt werden; man denke nur an Mr. Spock vom »Raumschiff Enterprise«. Auf ihren maskenstarren Gesichtern sind Lachen, Freude, Ärger, Wut oder Traurigkeit nicht zu sehen. Auch sie verkörpern den Menschen der Zukunft, wie er dem Wunschdenken heutiger Erdenmenschen entspringt: alles im Griff haben und das Universum offen vor sich. Herrscht doch die Vorstellung vor, dass Wesen von anderen Planeten uns weit in ihren technischen Errungenschaften voraus und uns in ihrer Intelligenz hoch überlegen sind. Gerade deshalb beängstigen sie uns und werden in unseren Phantasien zu unberechenbaren Wesen. Nichtsdestotrotz eifern die Erdenbewohner/innen diesen Phantasiemenschen nach mit dem Ziel, eines Tages selbst genauso zu sein.

Nicht nur in den Wunschvorstellungen, auch ganz konkret ist man bemüht, dem Menschen seine Gefühle und damit sein eigentliches Wesen immer mehr auszutreiben. Es gilt, sich so wenig wie möglich von Gefühlen leiten zu lassen, Gefühle zu unterdrücken oder sie wenigstens nicht zu zeigen.

Lösung 3:
»Emotionale Intelligenz«?

Als 1996 das Buch von Daniel Goleman mit dem Titel *Emotionale Intelligenz* erschien,[27] wurde es überraschend schnell zum Bestseller. Zwar stammt das Konzept der emotionalen Intelligenz nicht von Goleman selbst, sondern von den Verhaltenspsychologen Peter Salovey und John D. Mayer,[28] doch Goleman heimste den Erfolg ein. Salovey und Mayer verstehen emotionale Intelligenz als die Fähigkeit, die eigenen Gefühle und die von anderen Menschen wahrzunehmen und sie im Denken und Handeln zu berücksichtigen.

Goleman bringt diesen Ansatz nun sehr einseitig zur Anwendung. Es geht weniger um Gefühle als solche, auch nicht darum, wie wir Gefühle stärker in unsere Lebensweise einbeziehen könnten, sondern vielmehr um die Frage, wie wir mit Gefühlen so umgehen können, dass wir noch erfolgreicher werden. Wer klug mit seinen Gefühlen umgeht, wird es im Leben weiterbringen, das ist die Botschaft des Buches. Goleman betont immer wieder, dass »emotional geschickte Menschen« Erfolg haben.

Die Fähigkeit zur »Selbstbeherrschung« sowie die Fähigkeit, »Gefühle anderer zu durchschauen« und daraus Nutzen für sich zu ziehen, gehören nach Goleman, sinnentstellt zu Saloveys und Mayers Grundansatz, zur emotionalen Intelligenz. Bei Goleman wird der »emotional intelligente« Mensch zu einem durch und durch kontrollierten Menschen, der seine Gefühle im Griff hat und sich von ihnen nicht in seiner Karriere beirren oder behindern lässt. Häufig ist im Buch die Rede davon, dass wir das Gefühlsleben »zügeln«, »bändigen« und »zähmen« müssten. »Ungezügelte Leidenschaft« und »ungestüme Impulse« sollen mit emotionaler Intelligenz »sabotiert« und »kontrolliert« werden, so Goleman. Also empfiehlt er die »Unterdrückung« von Gefühlen und das »Vernünftigsein«. Golemans Tenor und die Wahl seiner Worte lassen schnell den Verdacht aufkommen, dass er mit Gefühlen nicht gut zurecht kommt. Die Rationalität steht bei ihm hoch im Kurs.

Goleman bewegt sich in der guten alten Tradition des mechanistischen Menschenbildes der Moderne, dem eine strikte Trennung von Geist und Körper zu Grunde liegt. Die Gefühle wurden dem Körper zugerechnet und als eher lästiges, störendes Beiwerk des Menschen betrachtet. Besonders abwertend stand Immanuel Kant den Gefühlen gegenüber. Für ihn waren Gefühle ein Ausdruck von Geisteskrankheiten, weil sie den Menschen beim vernünftigen Denken und Handeln behindern würden. Aus Kants Sicht sind Gefühle irrational und nur schwer durch die Vernunft steuerbar.[29]

Wider die Vernunft

Es ist so: Gefühle leisten der Ratio oft Widerstand. Gefühle machen, dass wir uns über die Vernunft hinwegsetzen. Und nicht selten stellen wir rückblickend fest, deshalb keineswegs Schaden genommen, sondern »es« schon richtig gemacht zu haben. Aus der Forschung wissen wir, dass Entscheidungen, die lediglich auf Grund rationaler Überlegungen getroffen wurden, oft bereut werden im Sinne von »Hätte ich es doch anders gemacht«.[30] Werden jedoch auch die Gefühle berücksichtigt, steht man leichter zu seinem Entschluss. Entscheidungen zu treffen, bedeutet immer ein gewisses Risiko, und sei es auch nur gering. Man kann nie ganz sicher sein, ob eine Entscheidung sich als richtig herausstellen wird. Gerade hier sind es die Gefühle, die uns die Sicherheit vermitteln, richtig entschieden zu haben, oder die uns vor möglichen unangenehmen Konsequenzen warnen.

Schon lange hege ich die Vermutung, dass es die Gefühle sind, mit denen wir die Komplexität der Welt und ihrer Ereignisse überhaupt und viel schneller erfassen als mit dem Denken. Lange bevor wir analysieren, verstehen und erklären können, haben wir schon ein Gefühl davon, was auf uns zukommt, um was es gehen wird, ob wir in unseren Eindrücken und Einschätzungen richtig oder falsch liegen. Ich nehme an, dass diese Gefühle unser Handeln sehr viel stärker leiten, als der Geist das tut.

Aber dies wird in der Welt der Erfolgreichen nicht berücksichtigt. Man stelle sich nur vor, in einer Vorstandssitzung, in der es um die Entscheidung über eine Beteiligung an einem Konkurrenzunternehmen geht, sagt jemand: »Ich *fühle*, dass wir uns damit Probleme einheimsen.« Er würde sich absolut lächerlich machen. Sagt hingegen jemand: »Ich *denke*, dass wir dieses und jenes berücksichtigen sollten«, wird er schon eher Gehör finden. Wer fühlt, dass eine Entscheidung falsch ist, muss Argumente vorbringen, die dem Denken und der Logik entspringen. Ansonsten wird er nicht ernst genommen, vor allem nicht, wenn es um Geld geht. Umso überraschter war ich, als mir kürzlich ein Personalmanager in einem Gespräch über künftige Trainingsveranstaltungen sagte: »Ich kann es noch nicht ausdrücken, aber ich *fühle* (betont), dass wir etwas in dieser Richtung entwickeln sollten.« Er, den ich bisher immer als so unnahbar,

117

überlegt und kontrolliert handelnd erlebt hatte, wurde mir schlagartig sehr sympathisch und erstmals fühlte ich mich in seiner Gegenwart richtig wohl. Der weitere Gesprächsverlauf war sehr fruchtbar für uns beide.

Denkgefühle

Gefühle gehören zum Menschen wie seine Fähigkeit zum Denken. Neben aller Rationalität bestimmen auch Gefühle jedes Handeln mit, selbst wenn man sich das nicht eingestehen will. Gefühle beeinflussen unsere Wahrnehmung, unsere Aufmerksamkeit, Beurteilung und Einschätzung von Dingen und Ereignissen sowie unsere Motivation.[31] Gleichwohl haben Gedanken Einfluss auf die Gefühlswelt. Beides lässt sich nicht voneinander trennen. Allzu viel Nachdenken über eine Sache kann leicht negative Gefühle erzeugen. Selbst über etwas Schönes nachzudenken, kann auf die Dauer zu Zweifeln führen: »Könnte es nicht auch sein, dass dieses und jenes eintritt?«, »Was, wenn sie mich nicht wirklich gut finden, wenn sie mit meinen Vorschlägen nicht einverstanden sind, wenn etwas anderes von mir erwartet wurde, wenn sie mich nicht verstehen?« Aus den Zweifeln entstehen Gefühle wie Unsicherheit, Angst, auch Ärger und Wut. Trifft man dann auf die Person, über die man nachgedacht hat, reagiert man mit einer Haltung, die womöglich völlig unberechtigt und ungerechtfertigt ist, mit der das Gegenüber gar nichts anzufangen weiß. Streitereien sind vorprogrammiert. Paul Watzlawicks Buch »Anleitung zum Unglücklichsein« beschreibt mit witziger Ironie die auf diese Art entstehenden Kommunikationsschwierigkeiten.[32]

Doch wer ist sich dessen schon bewusst? In der Regel beschränkt man sich vorrangig auf das Denken, sogar auf das Zurechtdenken von gefühlsmäßigen Erlebnissen. Man glaubt, sich mit wohl durchdachter Planung dem Erfolg am schnellsten zu nähern.

Das sich daraus für Erfolgsuchende ergebende Problem ist, dass ihre Gefühle vielfach negativ gefärbt sind, weil sie sich zu sehr auf das in der Zukunft Liegende konzentrieren: den Erfolg. Weil wir aber nie sicher sind, was die Zukunft tatsächlich bringt, geht mit dem Streben nach Erfolg zwangsläufig eine permanente Unsicherheit einher, die innere Unruhe, ja sogar Angst erzeugt. Wohl deshalb versuchen Erfolgsorientierte, sich nicht zu sehr Gefühlen zu widmen, oder unterdrücken sie lieber. Dies ist keine Lösung des Problems. Sich mehr auf das zu konzentrieren, was gerade ist und wie es einem gerade ergeht, sich dies einzugestehen, könnte das Leben leichter machen. Sich den eigenen Ängsten und Unsicherheiten zu stellen, kann bereits Abhilfe schaffen. Und kann uns davon abhalten, Dinge zu tun, mit denen wir uns überfordern.

Üblich ist, gegen die Angst und Unsicherheit anzukämpfen. Wie aber wäre es, zusammen *mit* der Angst und der Unsicherheit an Aufgaben heranzugehen: »*Ja, ich habe Angst und ich mache das jetzt zusammen mit meiner Angst*«? Dann wäre man wenigstens nicht noch zusätzlich hin- und hergerissen zwischen der Angst und dem, was man tut. Zu bedenken sind auch die vielen Situationen, in denen die Angst berechtigt ist – z. B. berufliche Entscheidungen, in denen es um hohe Risiken, viel Geld und auch um das eigene Ansehen geht. Warum also soll man sich diese Angst nicht zugestehen und mit ihr den Weg gehen, den man gehen möchte – sofern man es wirklich möchte?

Verliebt in den Erfolg

Gefühle lassen sich nicht erzwingen, sie lassen sich auch nicht ein- oder ausreden – und sie sind stärker als das Denken, das sich durch geschicktes Argumentieren leicht manipulieren und in bestimmte Richtungen lenken lässt. Man kann sich einreden, dass jemand ein ausgesprochen netter, liebenswerter, intelligenter Mensch ist, mit dem zu leben es sich lohnen würde. Doch wenn man sich nicht zu dem Menschen hingezogen fühlt, wird dieses Denken ein Gefühl der Liebe nicht hervorbringen. Möglich aber ist es, sich auf Grund solcher Gedanken in so jemanden zu *ver*lieben. Die Vorsilbe »ver-« bringt bereits zum Ausdruck, dass mit dem Lieben etwas nicht stimmt. So wie beim Ver-rücktsein, beim sich Ver-fangen, beim sich Ver-stellen, gerät bei diesem Ver-lieben das Denken in die falschen Bahnen. Das wird allerdings erst nach einem »Reinfall« erkannt; dann erst kann man sich darauf besinnen, dass anfänglich gar kein Liebesgefühl da war, dass man es sich lediglich eingeredet hatte, weil das Denken einen Gewinn versprach.

Nicht viel anders ist es in der Welt des Erfolgs. Das Denken lässt einen sich immer mehr in den Erfolg verlieben und erst später, oft zu spät, stellt man fest, in welche Zwänge man sich begeben hat. Der Erfolg lockt mit den schönsten (Liebes-)Gefühlen und er peinigt mit Ängsten und Befürchtungen.

Gedankenspiel

Stellen Sie sich vor, *Sie sitzen in einer Besprechung: Ein neues Projekt steht an. Alle äußern sich frei und offen und sprechen von ihren Gefühlen diesem Projekt gegenüber. Sie tun es auch. Manches scheint noch unklar zu sein, ohne dass sich genau sagen lässt, warum. Aber Sie können sagen, wie sehr Sie spüren, dass dieses Projekt es wert ist, verwirklicht zu werden. Sie wissen noch nicht, wie es konkret ablaufen kann, aber Ihr Gefühl bestärkt Sie, dem Projekt gelassen entgegenzusehen. Sie fühlen, dass zu gegebener Zeit sich die richtigen Wege zeigen werden.*

Mit Ihrem sicheren Gefühl fällt es Ihnen leicht, die anderen zu begeistern. Auch bei denen wecken Sie Gefühle und den Mut, es anzupacken. Ohne das gesamte Vorgehen bereits jetzt in Worte fassen zu können, kommt dennoch eine innere Überzeugung bei Ihnen und den Gesprächspartner/inne/n auf. Schaffenskraft entsteht. Das Gespräch wird immer lebhafter, alle beteiligen sich und spüren bereits ihre kreativen »Adern«. Ansatzweise zeigen die Gefühle bereits, wie das Projekt nicht sein, wovon Abstand genommen werden soll. Das Brainstorming wird immer umfassender und zugleich konkreter. Auch das gibt ein gutes Gefühl.

Keiner braucht die Rolle des Überlegenen zu spielen oder desjenigen, der alles im Griff hat. Keiner muss auf Rhetorik achten und seine Mimik kontrollieren. Ohne sich wohl formulierte Sätze zurechtzulegen, können Sie einfach drauflosreden und wissen doch, dass man Sie ernst nehmen wird. Das bestärkt Sie in Ihrer Gewissheit, dass Sie das Richtige tun. Und

das wiederum gibt allen Gelassenheit und Kraft; Le-
benskraft. Sie fühlen sich rundum wohl dabei.

Fühlen Sie sich leicht, erleichtert bei dieser Vision? Würden Sie gerne zu solchen Besprechungen gehen? Wahrscheinlich schon. Ich kann mir aber sehr gut vorstellen, dass Sie jetzt sagen, Ihre Gesprächspartner/innen, mit denen Sie gewöhnlich zu tun haben, würden sich auf so etwas nicht einlassen. Sicher haben Sie damit Recht. Aber geht es nicht um die Frage, wann jemand mit einem solchen Verhalten beginnt? Wenn Sie selbst in einer leitenden Position tätig sind, könnte es ein Leichtes für Sie sein, neue Verhaltensstile Ihren Mitarbeiter/inne/n vorzuleben und sie darin zu bestärken, ebenfalls Gefühle zu artikulieren. Wenn Sie nicht in einer solchen Position sind, schließt das ebenfalls nicht aus, Ihre Gefühle zu äußern; wenn Sie aus einer inneren Überzeugung heraus zu sich und Ihren Gefühlen stehen, werden Sie auf den einen oder die andere treffen, die Sie dafür sehr schätzen.

Es ist nicht so, dass in unserer heutigen Erfolgswelt alle voll und ganz von den schizophrenen Anforderungen eingenommen sind und nur noch dem planerischen Denken huldigen. Wahrscheinlich mehr Menschen, als Sie annehmen, versuchen, sich ihre »Nischen« des Fühlens und Tuns zu bewahren, und finden das ganze rationale Getue in der Erfolgswelt ohnehin sehr problematisch. Diese Menschen gilt es ausfindig zu machen, sich mit ihnen zu verbünden, um schließlich von der lebensfernen Erfolgswelt abzurücken. »Ich fühle ...«, ist heute verpönt, aber wer weiß, vielleicht ist es bald schon verpönt, sich ganz und gar auf »Ich denke ...« zu versteifen.

Kapitel 6

Der Erfolg
prägt das Verhalten

Menschen, die sich viel oder ausschließlich mit ihrem Erfolg beschäftigen, laufen Gefahr, sich selbst zu entfremden, sich vom wirklichen Leben immer mehr zu entfernen. Doch das wird längst als »normal« hingenommen. Die Vorbildfunktion unterstützt dies ebenso wie stereotype Verhaltensweisen von Karrieremännern und -frauen. Auch der Glaube, Zukunftsvisionen seien das Wichtigste im Leben erfolgreicher Menschen, trägt die Gefahr der Entfremdung in sich.

Die Produktion der Vorbilder

Haben Sie ein Vorbild? Ein Freund von mir, den ich immer als sehr eigenständigen Menschen wahrgenommen hatte, erzählte eines Tages von seinem Vorbild. Im ersten Moment war ich enttäuscht von ihm. »Ganz offensichtlich hatte ich ihn falsch eingeschätzt, was seine

Souveränität betraf«, ging es mir durch den Kopf. Auch seine Lebensgefährtin erzählte davon, dass sie »selbstverständlich ein Vorbild« hätte. Vorbilder seien wichtig für einen, so erläuterten mir die beiden, vor allem wenn man es im Leben zu etwas bringen wolle. An ihnen könne man sich beim eigenen Werdegang orientieren und im Verhalten ausrichten.

In mir entstand das Gefühl, dass mir etwas fehle. Spontan fragte ich mich, ob bei mir alles in Ordnung sei. Denn ich habe kein Vorbild. Nach diesem Gespräch testete ich mich hin und wieder, ob ich nicht vielleicht doch ein Vorbild hätte. Mir fiel ein, dass in meiner Kindheit zwei Lehrerinnen Vorbild waren: Ich wollte so werden wie sie. Aus heutiger Sicht bin ich sehr froh, es nicht geworden zu sein.

Psychologisch betrachtet ist ein Vorbild ausgesprochen interessant: Normalerweise älter und schon weiter in der Karriere, wird man ein Vorbild kaum einholen; man »rennt« ihm stets hinterher. Auf diese Weise hat man immer etwas zu tun und braucht nicht mit sich zufrieden zu sein. Das kommt einer Gesellschaft, in der das Nichtstun verpönt ist, sehr entgegen. Denn Vorbilder spornen an, viel und immer mehr aus sich herauszuholen.

Vorbilder können aber auch hervorragend dazu dienen, sich den herrschenden Normen anzupassen und so zur Aufrechterhaltung des Status quo, möge er noch so schlecht sein, beizutragen. Sicher gibt es Vorbilder, die dem entgegenstehen, Revolutionäre etwa, die gesellschaftliche Veränderungen im positiven Sinne in Gang gesetzt haben, denken wir nur an Leute wie Gandhi oder Che Guevara. Doch sie einzuholen dürfte nahezu ganz und gar unmöglich sein. Das eigene Scheitern ist mehr oder weniger vorprogrammiert.

Zugegeben, es gibt Menschen, deren Tun einen wirklich

begeistern kann und die man dafür bewundert. Warum auch nicht? Doch muss man sie sich deshalb gleich zum Vorbild nehmen?

Es geht auch ohne Vorbild – so lebt es sich viel einfacher. Man ist freier, nicht ständig begrenzt durch die Vorgaben des Vorbildes. Der eigene Werdegang braucht nicht in Frage gestellt, er kann als zu einem gehörend angenommen werden. Ohne Vorbild stehen uns viele Wege offen. Und: Wir ersparen uns Enttäuschungen, wenn uns etwas nicht so gelingt wie dem Vorbild oder wenn wir erkennen müssen, dass auch das Vorbild Fehler hat.

Mit Selbstverwirklichung und Selbstwertgefühl haben wir uns schon beschäftigt. Wie ist es damit bestellt, wenn Erfolgsuchende danach streben, wie ihr Vorbild, das sie oft nicht einmal persönlich kennen, zu werden?

Als 1997 die Klonung des schottischen Schafes Dolly gelang, wurden viele Befürchtungen gegen die Biogenetik laut. Psychologisch gesehen jedoch findet das Klonen längst statt: Sehen Sie sich eine Sendung an, in der Kinder – auch Erwachsene – auftreten, absolut getreu im Aussehen, in den Körperbewegungen und der Sprache ihrer Lieblingsstars, wie sie diese bis zum Exzess nachahmen. Sie versuchen sogar wie sie zu denken; beispielsweise sah ich in einer dieser Shows gleich drei Udo Lindenbergs sitzen. Durch gezielte Fragen zu deren Meinung über bestimmte Themen sollte ein Kandidat den echten Lindenberg herausfinden. Keine leichte Aufgabe, denn alle drei charakterisierten in ihren Aussagen ganz hervorragend den Udo. In einer anderen Show imitierten fünfjährige Kinder Popstars, von denen sie alle Bewegungen einstudiert hatten und die sie nun nachzuleben versuchten. Dafür ernteten sie großen Applaus. Es gibt eine Reihe dieser Shows und ganz sicher noch viel mehr solcher Menschen, die sich auf das »Klonen« verstehen und längst nicht alle ins Fernsehen kommen. Es wäre interessant, solche Klonungen auch unter den Businessleuten ausfindig zu machen; es gibt sie ganz bestimmt, die Bill Gates, die Ferdinand Piëchs oder auch die Hillary Clintons.

Mein Tipp: Wer sich lange genug mit seinem Star oder Vorbild beschäftigt und versucht, ganz in dessen Rolle zu schlüpfen, glaubt über kurz oder lang, er/sie sei selbst Michael Jackson oder Tina Turner oder Bill Gates – ganz so wie Schizophrene behaupten, sie wüssten zwar, dass sie nicht Napoleon sein könnten, es aber dennoch seien. Verrücktsein lässt sich manchmal schwer verstehen, doch umso leichter leben.

Sicher haben Vorbilder auch mit Träumen zu tun, mit Träumen von einem anderen, besseren Leben. Träume sollten selbstverständlich gestattet sein, solange man dabei sich selbst und das tatsächliche Leben nicht vergisst und solange man die eigene Person dabei nicht aufgibt und sich zu Verhaltensweisen hinreißen lässt, die mit einem selbst gar nicht mehr viel zu tun haben.

Die miesen Karrieremänner

Die »Vereinsmeier«

Anton hält mal wieder einen Vortrag. Als Vorsitzender eines internationalen Berufsverbandes steht ihm die Eröffnungsrede einer Fachtagung zu. Die Anwesenden kommen aus allen Teilen der Welt, viele von ihnen in gespannter Erwartung, auch um Anton, dessen Namen sie schon so oft gelesen haben, endlich persönlich zu erleben. Anton steht hinter dem Rednerpult, das Podium ist geschmückt mit prächtigen Blumengebinden. Wie es sich gehört, begrüßt Anton die »wichtigen« Persönlichkeiten, die der Tagung beiwohnen. Anton beherrscht die Kunst der freien Rede. Er versteht es, seine Hände, seine Mimik, seine Stimme, das von ihm initiierte Lachen im Plenum geschickt einzusetzen. Er gibt sich lässig – »ich bin auch nur einer von Euch« – und macht auf diese Weise darauf aufmerksam, dass er etwas Besonderes ist. Sein wohlbeleibter Körper strahlt Präsenz aus. Anton wirkt so, als könne ihn nichts erschüttern.

Auf den Gesichtern der Zuhörenden lässt sich ablesen, dass Anton sie beeindruckt – oder ist es lediglich die Tatsache, zu dieser Eröffnungsveranstaltung dazuzugehören? Wie Anton sich präsentiert, passt offensichtlich gut, aber was er sagt, ist ausgesprochen peinlich. So viele leere Floskeln. Diejenigen, die ihm ernsthaft zuhören und nicht in ihrem Programm blättern, erkennen, dass Anton sich in keiner Weise vorbereitet hat, sondern sich wahrscheinlich gedacht hat: »Das habe ich schon so oft gemacht, da stelle ich mich einfach hin und dann fällt mir schon was ein.« Natürlich kommen auch einige inhaltliche Aussagen, doch die sind banales Allgemeingut. Ansatzweise bringt er neue Überlegungen vor, die aber ganz offensichtlich nicht durchdacht sind und die bei aufmerksamen Zuhörer/inne/n sofort neue Fragen hervorrufen. Doch Anton eilt in seinem Vortrag voran. Er trägt ein paar Daten und Zahlen vor, die falsch sind. Das merken aber nur wenige im Plenum; diese hoffen spätestens jetzt, dass Anton seinen Vortrag bald beendet. Später, während der Erfrischungspause, ist Anton umringt von zahlreichen Frauen und Männern, die ihm zu seinem Vortrag gratulieren und sich über den Small Talk mit ihm freuen.

Ein Beispiel aus dem Leben. Wer solche Veranstaltungen aus eigener Erfahrung kennt, weiß das. Anton ist erfolgreich, weil er an der Spitze eines Verbandes steht. Viele kennen ihn, persönlich oder vom Namen her. Anton zählt zu den Karrieremännern, bei denen man, weil sie das Etikett »erfolgreich« tragen, deren tatsächliche Leistungen nicht kritisiert. Ob in der Welt der Politik oder Wirtschaft, der Kultur oder Wissenschaft, überall treffen wir auf das Phänomen, dass Erfolgreiche oft gar nicht so gut sind, wie man glaubt oder annimmt. Und es ist bei Männern auffällig häufiger zu beobachten als bei Frauen. Hängt es damit zusammen, dass wesentlich mehr Männer in Spitzenpositionen anzutreffen sind? Oder hat es damit zu tun, dass von Frauen immer noch mehr verlangt wird als von Männern? Rita Süßmuth sagte einmal, die Gleichberechtigung der Frau wird erst dann erreicht sein, wenn eine absolut unfähige Frau auf einem höchst verantwortlichen Posten sitzt. Doch so weit scheint es noch nicht zu sein.

Dass Männer an der Spitze oft gar nicht so gut sind, kann auch am Typus »erfolgreicher Mann« liegen, der »Vereinsmeierei« gut zu nutzen weiß. Solche Vertreter des Erfolgs sitzen in allen möglichen Gremien und Kommissionen, leiten Arbeitskreise, stellen sich immer wieder zur Wahl für irgendwelche leitende Posten, bis hin zum Fußballverein. Wen wundert es, wenn sie auf Grund von derartiger Vielfältigkeit gar nicht die Zeit haben, sich tiefer gehend mit einzelnen Themenbereichen zu beschäftigen? Dennoch reden sie über alles mit, auch dann, wenn sie von der Sache nur wenig oder gar nichts verstehen. Kritisiert werden sie selten, schon gar nicht von denen, die ebenso weit nach oben kommen wollen. Für diese werden sie eher zu Vorbildern.

Wer »oben« ist, wird kaum noch in Frage gestellt. Er kann sein, wie er will, auch schlecht oder ignorant. Selbst wenn so jemand hin und wieder abgewählt wird, er findet schnell wieder einen anderen, entsprechenden Platz. Nicht selten werden »Spitzenleute« mit schlechten und unergiebigen Leistungen »weg«befördert. Es ist dies ein Weg, sich von Personen zu befreien, ohne missliche Situationen und Unmut zu erzeugen. Wer sich gekonnt in der Erfolgsspirale bewegt und zum oberen Bereich zählt, muss nicht wirklich um seinen Untergang fürchten.

Die Politik ist das beste Beispiel dafür. Wenn ein hochrangiger Politiker zurücktritt oder gehen muss, heißt das noch lange nicht, dass er aus der Riege der Erfolgreichen ausscheidet. Irgendein Vorstandsposten ist für so jemanden allemal frei. Wenn einer seine Verantwortlichkeiten nicht erfüllt und beispielsweise zu einer Finanzmisere beigetragen hat, findet er trotzdem mit Leichtigkeit einen exklusiven Finanzberatervertrag in der Wirtschaft – absolut unverständlich für jeden Normalbürger, der weiß, wie er sein Geld zusammenhalten muss.

Jeder hat seine Stärken und Schwächen. Sich diese bewusst einzugestehen, ist eine wesentliche Voraussetzung dafür, sich selbst »treu« zu sein und sein eigenes Leben zu leben. Nur dann ist ein innerlich ausgeglichenes Leben möglich, nur dann sind wir zu Gelassenheit im Umgang mit uns und anderen fähig. Sich ständig profilieren zu müssen, was eventuell gar nicht unserer Person entspricht, hält vom wirklichen Leben fern. Die Gefahr, in einer Scheinwelt zu leben, ist hier groß.

Erfolgreiche arbeiten für Erfolgreiche

Profilierungskünste erfolgreicher Männer und die damit einhergehende persönliche Entfremdung sind in Seminaren für Erfolgreiche besonders gut zu beobachten.

»Der Erfolg einer Firma steht und fällt mit ihrem Personal« – der betrieblichen Personalentwicklung wird heutzutage eine wichtige Bedeutung beigemessen. Allerdings investiert man in der Regel intensiv nur bei Führungskräften, weniger in die wirklich tragende Basis an Mitarbeiter/inne/n der unteren Reihen. Diese werden nur selten (oder gar nicht) auf Trainingsseminare und Fortbildungsveranstaltungen geschickt.[33]

Oft werden Seminare als Belohnungen (als »Incentives«, wie das neudeutsch heißt) in der Hoffnung eingesetzt, dadurch die Einsatzbereitschaft und Motivation einzelner Führungskräfte zu erhöhen. Wer gute Leistung erbringt, darf zu einem ausgewählten, teuren Seminar im noblen Ambiente eines schicken Hotels. Aber ist so jemand eigentlich noch daran interessiert, etwas Neues zu lernen? Das Ziel, auf ein solches Seminar geschickt zu werden, ist ja bereits erreicht. Die Tatsache, dass das viele Geld zur »Weiterbildung« investiert wird, bestätigt die tatsächliche oder vermeintliche Wichtigkeit des Auserwählten für das Unternehmen nur. Ein regelrechter Seminartourismus hat sich entwickelt, bei dem es weniger um die Fortbildung als solche geht, sondern darum, bei möglichst vielen exklusiven Seminaren dabei gewesen zu sein.

> Klaus, 35 Jahre, Geschäftsführer eines Tochterunternehmens einer Bank, wurde auf ein Edelseminar für hochrangige Führungskräfte in die Schweiz geschickt. Nach seiner Rückkehr fiel sofort auf, was er von dort mitgebracht hatte: Er trug

nur noch teure Anzüge, während er vorher in eher lockerer Kleidung ganz zugänglich wirkte. Klaus hatte seit langem ein Problem mit einem Mitarbeiter, dem er gerne gekündigt hätte, was jedoch auf Grund arbeitsrechtlicher Bedingungen nahezu unmöglich schien. Auf dem Seminar erfuhr er die Lösung: »Wenn Sie ihn nicht loswerden, dann lassen Sie doch bei Geschäftsschluss eine Kontrolle durchführen und finden dabei einen firmeneigenen Taschenrechner in seinem Aktenkoffer.« Klaus war begeistert von dieser Idee. Es war offensichtlich das Einzige, was er auf diesem Seminar gelernt hatte. Ansonsten hatte er nicht viel zu berichten, außer, wie das Hotel war, welche Freizeitexkursionen es gab, welche Trainer er schlecht fand, dass das Wetter leider verregnet war. Nichts über Inhalte, um derentwegen er doch zumindest offiziell hingeschickt wurde. Dennoch wird gerade dieses Seminar auf Grund des Renommees des Veranstalters eine wichtige Plakette sein, mit der er sich für seine weitere Karriere schmücken kann.

Seminarveranstaltungen für Erfolgreiche werden selbstverständlich von ebenso erfolgreichen Trainern durchgeführt. Meist sind sie auch Autor eines entsprechend aufgemachten Buches. Allerdings ähneln die Seminare häufig Showveranstaltungen, bei denen es in erster Linie um die Profilierung der Trainerpersönlichkeit geht. Ich verwende hier bewusst die männliche Form, denn es sind überwiegend Männer, die das Seminargeschäft auf diese Art und Weise betreiben. In schicken Anzügen, teuren Autos, mit geschliffener Sprache und Tageshonoraren, die andere gerne im Monat verdienten, sind sie oft »hohle Typen«, denen es nicht wirklich darum geht, anderen etwas beizubringen. Vielmehr genießen sie es, sich allwissend zu gebärden. So haben sie zu allem etwas zu sagen, auch wenn sie nicht vom Fach sind. Mit geschickt angewandten rhetorischen Floskeln versuchen sie, die Teilnehmer/innen zu unterhalten und zu bezirzen. Auch wenn das wenig mit den speziellen Anforderungen der Teilnehmer/innen und deren Arbeitsalltag zu tun hat, gelingt es ihnen, eine zustimmende Haltung zu erreichen: »Der Trainer hat Recht. Es liegt lediglich an mir, wenn ich diese einfachen Prinzipien nicht beherrsche.« Durchgestylte Folien mit nichts sagenden Grafiken sowie protzig aufgemachte Unterlagen, die kaum einer lesen wird, bringen den Teilnehmer/inne/n kaum neue Erkenntnisse. Selbst diejenigen, die ihre Arbeit als Trainer ernst nehmen, haben sich an solche Äußerlichkeiten anzupassen, wollen sie nicht »unprofessionell« scheinen.

Wer erfährt schon, was diese Trainer eigentlich gelernt haben? Die meisten sind zumindest keine ausgebildeten Psychologen oder Pädagogen, glänzen aber mit psychologischem Halbwissen. Ohne Hemmungen wirken sie auf ihre Zuhörer manipulativ ein, psychologisieren sie.

Manche dieser Trainer haben sich längst als Coach für das Topmanagement einen Namen gemacht. Kürzlich wurde von einem berichtet, dass er sich einen Doktortitel von einer zweifelhaften amerikanischen Universität gekauft habe. Solche Enthüllungen geraten schnell wieder in Vergessenheit, der Glaube jedoch, dass dieser Herr ein Herr Doktor sei, bleibt bestehen.

Der Karriere schaden solche »Blendereien« ganz offensichtlich nicht, weder beruflich noch privat. Welche Auswirkung aber hat eine solche »Karriere« auf die persönliche Entwicklung? Wie sehr findet hier bei den Betroffenen eine Entfremdung statt? Sind sie wirklich glücklich damit?

Frauen und Karriere

Dass es beim beruflichen Vorwärtskommen für Frauen und Männer unterschiedliche Maßstäbe gibt, dem wird wohl jeder zustimmen. Aber dies gilt nicht nur für das Berufliche, es reicht auch bis ins Private hinein.

»Emanzipiere dich und finde bloß einen Mann!«

Nun hat Brunhilde doch noch einen gefunden. Keiner hat's mehr geglaubt, Brunhilde am allerwenigsten. 38 Jahre ist sie jetzt, Doktor der Soziologie, kaum feministisch angehaucht, »aber halt doch eine Karrierefrau«, wie sie oft zu hören bekommt. Ein eigenes Institut hat sie aufgebaut, das Marktforschungsanalysen durchführt, mit fünf festen Mitarbeiter/inne/n und, je nach Auftrag, mehreren Honorarkräften. Zwei Bücher hat sie publiziert, die sich sogar gut verkaufen. Nur mit den Männern gab es immer wieder Schwierigkeiten. Wie oft schon hatte Brunhilde einen netten Mann kennen gelernt und jedes Mal geglaubt, es sei der »Richtige«. Doch sobald diese mitbekamen, was Brunhilde beruflich macht, nahmen alle ganz schnell wieder Reißaus. Wie verstört fühlte sie sich dann immer und konnte es einfach nicht verstehen, warum ihr kein Glück beschieden sein sollte. Ob gut aussehend oder nichts sagendes Gesicht, ob spießig oder alternativ, ob beruflich außergewöhnlich erfolgreich oder in einer bescheidenen Position, ob mit schwarzem BMW oder mit dem Fahrrad, alle wollten sie »doch keine feste Beziehung«. Für Brunhilde war nach all diesen Erfahrungen klar: Es lag an ihr. Sie war eben doch nicht attraktiv genug, eben doch keine Frau, auf die Männer fliegen, so ihr Fazit – auch wenn sie sich jedes Mal, wenn sie sich neu verliebt hatte, ganz toll fand. Die Antwort aus dem Freundeskreis auf die Frage, warum ihr das immer passierte, war jedes Mal die gleiche: »Du bist zu anspruchsvoll.«

Ein speziell bei erfolgreichen Frauen auftauchender Widerspruch ist die Aufforderung, sich vom traditionellen (Ehe-)Frauenbild zu emanzipieren, jedoch gleichzeitig dem traditionellen Bild der »weiblichen« Frau zu entsprechen. Und Letztere ist nicht berufstätig und schon gar nicht erfolgreich im Beruf. Die englische Journalistin Helen Fielding beschreibt in ihrer Realsatire »*Schokolade zum Frühstück*«[34] die Situation heutiger Frauen um die Dreißig, die zwischen den Versprechungen des schicken, unabhängigen erfolgreichen Lebens und der Frage »Warum bin ich nicht verheiratet?« hin- und hergerissen sind.

Emanzipation bedeutet, sich aus Abhängigkeit und Bevormundung zu befreien, und speziell für Frauen heißt Emanzipation Gleichstellung gegenüber dem Mann. Eine Berufstätigkeit sichert Frauen vor allem die finanzielle Unabhängigkeit. Sie sind nicht mehr auf Heirat angewiesen. Dennoch ist das Ansehen von verheirateten Frauen nach wie vor höher als das der ledigen. Sogar der Status einer geschiedenen Frau ist besser als einer, die noch nie verheiratet war. Auch im Zeitalter der Lebensgemeinschaften ist diese Statuszuteilung noch längst nicht aufgelöst.

Dem Klischee nach wird der Mann, je erfolgreicher er ist, je mehr Geld er hat und je älter er ist, umso anziehender für Frauen. Das Gegenteil scheint bei den Frauen zu gelten: je erfolgreicher, umso schwieriger, einen Mann zu finden und zu halten. Und das soll mit zu hohen »Ansprüchen« seitens der Frauen zu tun haben? Es liegt doch mehr an den Männern, die sich mit erfolgreichen Frauen schwer tun. Eine solche Frau wird schnell zu einer Bedrohung für diejenigen, die nach wie vor dem traditionellen Rollenverständnis verhaftet sind; und das sind nicht gerade wenige.

Doch gerade wegen der Emanzipation und Selbstverwirklichung wird den Frauen eine berufliche Karriere nahe gelegt. Daneben aber herrscht nach wie vor die Vorstellung, dass eine Frau zum Mann gehört und das Berufliche für sie zweitrangig sei; von Männern sagt man das übrigens nie.

Frauenzeitschriften leisten hier Erstaunliches, um die Frauen zwischen Karriere- und traditioneller Frauenrolle hin- und herkippen zu lassen. Immer wieder ist in Beiträgen die Rede, dass eine Partnerbeziehung nicht das Einzige im Leben sein könne, während der Beruf etwas Dauerhaftes und Bleibendes und deshalb Wichtiges sei. Das Neueste aus der Mode- und Schminkbranche, aus der Dessouswerbung und der Parfümecke wirbt dafür, sich noch attraktiver zu verpacken. Ideen für die Wohnungseinrichtung, Schnittmuster für das schnelle Selbernähen und gesundheitsbewusste Kochrezepte führen die Frau schließlich wieder ganz zu ihrer häuslichen Rolle zurück, dies unter dem Vorwand, eine erfolgreiche Frau sei eben auch zu Hause erfolgreich.

Wie wir schon gesehen haben, ist Originalität im Beruf gefordert, ohne jedoch die Konventionen zu sprengen. Konventionen im Beruf machen keineswegs vor dem Privatleben halt. Zum erfolgreichen Mann gehört eine Frau, die zu Hause für das emotionale Gleichgewicht sorgt. Um in hochrangige Positionen zu gelangen, ist eine gut funktionierende Ehe sogar Voraussetzung. Eine Frau, die sich scheiden lässt, kann einem Mann die berufliche Karriere zerstören. Hinter jedem erfolgreichen Mann steht eine Frau, heißt es.

Anders bei den Frauen. Von einer Karrierefrau wird erwartet, dass sie Single und von häuslichen Verpflichtungen frei ist und sich in ihrem Engagement ganz in die Firma einbringt. Kinder haben schon gar keinen Platz im Leben einer Karrierefrau, glaubt man(n). Eine Frau, die Küche, Kinder und Karriere miteinander in Einklang bringt, entspricht nicht den Vorstellungen von einer Frau, die es »ganz weit« bringen wird.

Damit haben die Erwartungen aber noch kein Ende. Keinesfalls sollte eine erfolgreiche Frau lesbisch sein – auch der erfolgreiche Mann ist heterosexuell. Nur in einigen wenigen Branchen, wie der Mode, der Musik, des Films, gibt es inzwischen anerkannte homosexuelle Vorbilder.

Ist die erfolgreiche Frau doch nicht, wie erwünscht, Single, hat sie einen Ehemann, so sollte dieser wenigstens genauso erfolgreich sein wie sie selbst, keineswegs eine geringere Qualifikation aufweisen und schon gar nicht Türke oder Senegalese sein.

Karrierefrauen und die »Quoten«

Frauen, die den Weg nach »oben« geschafft haben, werden nicht nur von anderen gerne als »Quotenfrau« herabgewürdigt, viel sehen sich leider auch selbst so. Und das, obwohl die meisten sich ihre Position auf Grund hervorragender Leistungen erkämpft haben. Schreiben Männer ihren Erfolg überwiegend sich selbst, ihren eigenen Leistungen zu, glauben Frauen eher, ihren Erfolg dem Glück, Zufall oder anderen Menschen (meist Männern) zu verdanken, und übersehen dabei, dass es Gründe gab, wenn andere sich für sie eingesetzt haben. Gute und hervorragende Arbeit wird mit guten Angeboten honoriert; es ist nicht der Zufall, das Glück oder Männer, die eine Frau in eine Position bringen, es ist sie selbst. Doch diese falsche, sich selbst nicht wert findende Einschätzung verlangt von den Frauen, durch ein Mehr an härterer Arbeit ihr Können sichtbar zu beweisen. Und so leisten erfolgreiche Frauen in der Regel wirklich mehr und sind besser als Männer in vergleichbarer Stellung. Aber vielleicht besteht dieser Zwang gar nicht und sie glauben lediglich, dass sie mehr erbringen müssten.

Was geschähe, wenn Frauen zu dem stehen würden, was und wie sie sind, also auch nicht mehr arbeiten würden als ihre männlichen Kollegen? Könnten Männer dann ihre Kolleginnen und Chefinnen nicht mitunter leichter akzeptieren? Sie bräuchten ihnen nicht mit so viel Misstrauen zu begegnen; schließlich ist jede Frau, die Spitzenleistungen erbringt, eine Bedrohung für jeden Mann und dessen Karriere, ganz so wie jeder Mann mit hervorragenden Qualitäten zum bedrohlichen Konkurrenten wird.

Karrierefrauen und der »Zufall«

Männern sagt man nach, sie planten ihre Karriere und hätten klare Ziele vor Augen, Frauen dagegen überließen dies dem Zufall und seien weniger zielorientiert.[35] Viele Frauen bestätigen dies: Ihr beruflicher Werdegang sei nicht die Folge eines Lebensplanentwurfs oder einer Karrierestrategie.

Die Zukunft lässt sich nicht wirklich planen, von Frauen ebenso wenig wie von Männern. Wie wir unser Leben leben und gestalten, hängt von ganz bestimmten Lebensmustern ab, die wir im Laufe unserer Biografie entwickeln. Claudia Schreiner beschreibt in ihrem Buch »Wenn Frauen zu viel arbeiten« mit beeindruckender Offenheit ihre Berufsbiografie.[36] Dabei fällt auf, wie sie neue Schritte in ihrer Karriere damit erläutert, dass ihr »wieder der Zufall« zu Hilfe kam. Doch zeigen ihre Schilderungen ganz deutlich, dass es ihr Lebensmuster war, das sie immer weiterführte und in die Chefetagen des MDR brachte. Und sie bekennt, wie viele andere Karrierefrauen auch, immer bereit gewesen zu sein, Chancen zu erkennen und wahrzunehmen. Das hätte sie sicher nicht getan, wäre sie nicht auf der Suche nach Chancen gewesen. Wir nehmen nur das wahr, was uns interessiert und wonach wir Ausschau halten.

Der Verlauf unseres Lebens ist Ausdruck eines bestimmten Lebensmusters, das wir ausgebildet und verinnerlicht haben, und nach dem wir all unser Tun ausrichten. Keinesfalls ist es der Zufall, der unseren Lebensweg und Erfolg bestimmt, auch wenn das oft von Frauen behauptet wird.

Sieht man sich die Lebensläufe erfolgreicher Frauen sorgfältig an, lässt sich das gut aufzeigen. Sie haben ihr Leben in solche Bahnen geleitet, dass es immer weiterging, auch wenn vielen das offensichtlich gar nicht bewusst war. Die erste Weichenstellung begann oft bereits in der Kindheit; die Zusammensetzung der Familie und die Wertvorstellungen, die dort auf das Mädchen einwirkten, formten seine Vorstellung von der eigenen Zukunft. Waren Brüder da, zählten die Wünsche des Mädchens für eine gute Berufsausbildung vielleicht weniger. Es versuchte dann, mehr oder weniger unbewusst, der Familie zu beweisen, dass es mindestens ebenso gut ist wie die Brüder.

Oder die Mütter verlangten von ihren Töchtern ein Weiterkommen, weil sie selbst auf Beruf und Karriere wegen der Kinder verzichtet hatten. Mütter, die ihre eigenen Berufswünsche nicht verwirklichen konnten, übertragen ihre Lebensvorstellungen, ohne dass sie es merken, auf ihre Töchter und bringen sie somit auf den »rechten«, das heißt den Karriereweg. Stetige Äußerungen wie »Lass uns stolz auf dich sein« treiben fast jedes Mädchen dazu, zu beweisen, wozu es fähig ist. Andere Frauen wiederum hatten Mütter, die ihr Leben in einer Weise lebten, die die Töchter für sich selbst keinesfalls wiederholen wollten, z. B. als Hausfrau ohne Beruf und finanziell abhängig von einem vielleicht knausrigen Ehemann. So wird ein Lebensweg eingeleitet, der nichts, aber auch gar nichts mit dem Zufall zu tun hat.

Den eigenen Erfolg dem Zufall zuzuschreiben ist jedoch eine spezifisch weibliche Neigung: Bescheidenheit wird Mädchen in stärkerem Maße abverlangt als Jungen. Aus der christlichen Ethik wurzelnd kommt die Forderung, sich nicht selbst zu loben. Selbstlob stinkt, sagt der Volksmund. Die Erkenntnis »Ich war eitel« war zumindest zu meiner Kinderzeit eine Sünde, für die man um Vergebung zu bitten hatte. Dass Mädchen sich davon besonders angesprochen fühlten, erklärt sich aus der Erwartung, dass Mädchen immer schön und ordentlich auszusehen hätten. Sie durften nicht wie die Jungen toben, ohne Rücksicht auf das Kleid.

Das mag sich inzwischen geändert haben. Die Generation der Frauen aber, die heute in den höheren Etagen anzutreffen sind, haben fast alle eine solche Erziehung hinter sich. Selbst wenn sie im Elternhaus davon verschont blieben, sind ihnen dennoch in Märchen und Geschichten, in Schullesebüchern, Werbeanzeigen, Fernseh- und Kinofilmen die geschlechtsspezifischen Werte vermittelt worden. Auf diese Weise konnten sie den schizophrenen Widerspruch »Achte stets darauf, dass du schön und gut bist, aber sage nie, dass das dein Verdienst ist« und die Aufforderung zur Bescheidenheit verinnerlichen.

Unterschiedliche Erziehungsweisen von Mädchen und Jungen sowie geschlechtsspezifische Rollenzuschreibungen durch die Gesellschaft beeinflussen die Selbstwahrnehmung. Männer werden traditionellerweise als die Macher, die Schaffer, die Überlegten, die Strukturierten gesehen. Vielen wurde von klein auf der Glauben anerzogen, dass es nur an ihnen liegt, was sie aus ihrem Leben machen. Frauen hingegen wurden früher auf die Ehe hin erzogen. Deshalb kam es bei ihnen darauf an, welchen Mann sie fanden und was der aus seinem und ihrem Leben machte. Die Frauen und Männer meiner Generation, die heute sozusagen in der Mitte des Lebens stehen und vom Alter her zu den potenziell Erfolgreichen gehören, sind noch ganz in diesem Schema aufgewachsen. Ich habe noch sehr gut im Ohr, wie in meiner Familie immer wieder betont wurde, dass sich für ein Mädchen der Gang aufs Gymnasium nicht lohne, weil es »ja doch heiratet«; mir leuchtete dieses Argument schon als Kind nicht ein, ich dachte mir immer: »Aber vielleicht heiratet es ja gar nicht.«

Nicht alle Frauen haben sich an traditionelle Vorgaben gehalten und sie als unabänderlich akzeptiert. Dennoch wurde ihre Selbstwahrnehmung davon beeinflusst. Und die Selbstwahrnehmung hat nicht notwendigerweise damit zu tun, wie eine Frau ihr Leben tatsächlich lebt und gestaltet; beides kann zueinander im Widerspruch stehen, und der Zufall, die nicht kontrollierbare äußere Macht, muss dann für den Widerspruch als Erklärung herhalten.

Jede Frau, ebenso wie jeder Mann, hat bestimmte Lebensmuster entwickelt und verinnerlicht. Diese mögen an zukunftsbezogenen Zielen ausgerichtet sein oder auch nicht. In jedem Fall passiert das, was wir tun, immer in der Gegenwart. Auch wenn wir Entscheidungen für die Zukunft treffen und Ziele setzen, tun wir dies in der Gegenwart. Das, was wir als Perspektiven bezeichnen, ist das Resultat aus vergangenen und gegenwärtigen Erlebnissen. Aus denen heraus entwickeln wir bestimmte Vorstellungen für die Zukunft.[37] Zukunftsprojektionen allerdings können zu einer Scheinwelt werden, mit der wir uns aus der Gegenwart herauslösen. Vielleicht tun wir dies, weil wir mit dem, was gerade passiert, ausgesprochen unzufrieden sind. Hoffnungen entstehen und helfen uns, auch dann, wenn es Illusionen sind, negativ erlebte und belastende Situationen zu ertragen.[38] Die Erfolgswelt steckt voller Hoffnungen, vielleicht auch deshalb, weil das harte, stressreiche Arbeiten um des Erfolgs willen keineswegs so schön ist, sondern ausgesprochen anstrengend. Es hindert uns, das Leben in der Gegenwart zu genießen, und deshalb hoffen Frauen wie Männer auf ein Besseres in der Zukunft.

Visionen, Ziele, Pläne – ein Zwang?

Vor einigen Jahrzehnten betrachtete man Menschen mit Visionen, das heißt solche, die Erscheinungen hatten, als nicht normal, als Fälle für die Psychiatrie. Heutzutage sind Visionen eine der Voraussetzungen für einen Managerposten. Neue Ideen, Vorstellungen von einem anderen, besseren Leben, von neuen Unternehmenskonzepten, Verkaufsstrategien, Unternehmenszielen etc. werden zusammengefasst unter dem Stichwort Zukunftsvisionen. Aber auch jeder Einzelne soll für sich und den eigenen Erfolg Zukunftsvisionen entwerfen, so empfehlen Karriereratgeber.

> Stefan hat eine Vision. Er sieht sich selbst auf einem Empfang, der eigens für ihn gegeben wird. Jede Menge Journalisten und Fernsehkameras umgeben ihn, er gibt Interviews. Viele Männer in dunklen Anzügen reißen sich geradezu darum, ihm die Hand zu schütteln und zu gratulieren. Gerade hat Stefan den Nobelpreis für Physik erhalten. Eine große Entdeckung ist ihm gelungen, die alle bisherigen Erkenntnisse radikal zunichte macht. Weltweit ist er das Topthema in den Medien. Hochkarätige Wissenschaftler sind verblüfft über Stefans Erkenntnis. Alle beneiden sie ihn und wundern sich, warum sie nicht selbst zu diesem Ergebnis gelangt sind. Stefan ist so glücklich wie noch nie in seinem Leben zuvor. Gegenwärtig allerdings studiert Stefan noch. Er ist 22 Jahre alt und gerade durchs Vordiplom in Physik gefallen.

Vielleicht kommt Ihnen Stefans Vision etwas überzogen vor und Sie würden ihm am liebsten raten, »kleinere Brötchen zu backen« und sich, statt dem Nobelpreis entgegenzuträumen, auf Ziele festzulegen, die realistischer sind. Doch warum sollte Stefan nicht diese Vision haben und warum sollte er nicht eines Tages den Nobelpreis erhalten?

Die Zukunft ist offen und keiner weiß, was sie bringen wird. Aber das ist auch das Dilemma. Sie hat, wie wir alle aus der Erfahrung wissen, stets Überraschungen bereit, auch dann, wenn wir glauben, alles bestens geplant zu haben. Zum Problem wird Zukunft vor allem dann, wenn wir uns zu sehr auf sie versteifen und im Hier und Jetzt zu leben vergessen. Es kann gut sein, dass Stefan so sehr mit seinen Zukunftsträumen beschäftigt ist, dass er darüber sein Studium vernachlässigt. Wer sich allzu sehr mit der Zukunft beschäftigt, verbaut sich leicht seinen Erfolg in der Gegenwart.

Die Zukunft als Erfolgsfalle

Von überall her hören wir die nachdrückliche Aufforderung, »ein Mensch muss im Leben Ziele haben«. Ziele und Pläne gelten als unabdingbare Voraussetzungen für erfolgreiche Menschen. Ziele geben einem eine Richtung und damit auch einen Sinn fürs Leben; so jedenfalls wird es uns weisgemacht, vor allem von denen, die uns zur Karriere antreiben.

Von klein auf werden wir dazu erzogen, an die Zukunft zu denken. Eine vorausschauende Lebensplanung gilt als Voraussetzung für ein »erfolgreiches« Leben. Planung der schulischen Laufbahn, Karriereplanung, Familienplanung, Vermögensplanung etc. sollen unsere Lebenswege sichern. Wer kann sich einem ausgeprägten Zukunftsdenken noch widersetzen? Wir denken vorwiegend an das, was noch vor uns liegt, was noch nicht erreicht ist.

Sich der Zukunft zuzuwenden heißt, sich auf unsicheres Terrain zu begeben. Streng gesehen ist die Zukunft nicht planbar, wir wissen nie, was das Leben tatsächlich bringen wird. Zukunft ist unberechenbar und ungewiss. Diese Ungewissheit schafft Unruhe und stört unsere Ausgeglichenheit. Die innere Unruhe charakterisiert erfolgs- und karrieregestresste Menschen, die stets auf der Suche nach etwas Neuem sind. Mit gespannter Aufmerksamkeit sehen sie ihrer Zukunft entgegen. Ungeduldig fragen sie: »Was kommt jetzt?«

Das ständige Streben lässt sie nicht zur Ruhe, schon gar nicht zum Ausruhen kommen. Es hindert sie am Verweilen in der Gegenwart und damit am Genuss des Lebens.

Das lineare Lebensverständnis

Die Zukunftsorientierung ist das Resultat unseres linearen Lebens- und Zeitverständnisses. Wir unterteilen das Leben in Vergangenheit, Gegenwart und Zukunft, wir glauben, dass Zeit und Leben etwas ständig Vorwärtsschreitendes seien. Lineares Denken ist eine ausgesprochen westliche Vorstellung, die sich seit dem Beginn der Industrialisierung und unter dem Einfluss des Christentums durchsetzte. Früher herrschte ein zyklisches Verständnis vom Leben, der Natur und der Zeit vor. Zeit wurde begriffen als etwas, das stets wiederkehrt, ganz so wie die Jahreszeiten, wie Ebbe und Flut, Tag und Nacht immer wiederkehren. Solange die Menschen auf Grund des bäuerlichen Lebens und Arbeitens in die Naturzyklen eingebunden waren, spielte zukunftsorientiertes Denken keine Rolle. Man lebte im Hier und Jetzt, war in die Gegenwart eingebunden.[39]

Auch heute noch gibt es Völker, in denen die Menschen nicht ihr Leben planen und sich Ziele setzen, sondern sich hauptsächlich auf Aktuelles beziehen oder was gerade an Arbeit anfällt. So etwas ist für uns nicht mehr vorstellbar. Wir glauben, Leben und Erfolg benötigten langfristige Planungen.

Dennoch verläuft das Leben oft nicht nach Plan. Unvorhergesehene Ereignisse wie Scheidung, Arbeitslosigkeit, schwere Krankheiten bringen den Lebensplan durcheinander und führen nicht selten in eine psychische Krise. Die Zukunftslosigkeit scheint hereinzubrechen, obwohl wir immer noch leben und das Leben weitergeht.

Ziele scheinen für unser Wohlbefinden wichtig zu sein. Der Psychologe Kurt Lewin betont, wie sehr Zukunfts-bilder unsere momentane Stimmung und unser Han-deln beeinflussen, unabhängig davon, ob das Bild später Wirklichkeit wird oder nicht.[40] Ziele festigen un-seren Lebenssinn. Menschen mit einer umfassenden Zukunftsorientierung ergreifen eher Initiative als Men-schen mit wenig Zielen. Depressive Menschen beispiels-weise sehen »schwarz« für die Zukunft und erwarten nichts Gutes. Deshalb entwickeln sie kaum Ziele. Und sie sind überzeugt, auf ihre Zukunft ohnehin keinen Einfluss nehmen zu können. Doch derartige psychologi-sche Erkenntnisse haben nur für unseren westlichen Kulturkreis Gültigkeit.

Ziele können zu einer ausgesprochenen Last und ge-radezu zwanghaft werden. Vor allem bei hoch gesteck-ten Zielen, verbunden mit dem Glauben, man müsse, komme was wolle, diese Ziele erreichen. Doch wozu? Und wofür?

»Vorwärts, vorwärts, vorwärts!«

Ziele nehmen dem Menschen die Fähigkeit, das tatsäch-liche, das wirkliche Leben mit Gelassenheit anzunehmen und es zu genießen. Wegen unserer Ziele sind wir nie zufrieden mit dem, was gerade ist. Ziele bewahren den Glauben, dass es eines Tages besser sein würde, wir wen-iger Stress, mehr Zeit und genügend Geld haben – doch das ist ein Irrglauben. Wegen unserer Zielstrebigkeit, ein Merkmal übrigens, das in keinem guten Führungszeug-nis fehlen darf, sind wir es gewohnt, immer vorwärts zu streben, ohne einzuhalten, nichts ist uns je genug.

Die Devise unserer Welt: Vorwärts, vorwärts, vorwärts! Zufriedenheit mit dem bereits Erreichten erleben Erfolg suchende Menschen in der Regel nicht. Sie wollen mehr. Nicht nur im Beruf, auch privat wollen sie immer Besseres, Exklusiveres.

»Das größte Problem am Erfolg ist, dass er so kurz dauert. Dass der Erfolg nie bleibend ist. Immer kommt sofort was Neues. Das Schlimme daran ist, dass man so getrieben wird, dass man immer wieder was Neues machen muss.« So erläuterte Sebastian, einer meiner Interviewpartner, die Problematik des Erfolgs. Je weiter man kommt, umso mehr muss man arbeiten. Eigene Bedürfnisse und Wünsche oder die der Partnerin/des Partners oder der Familie werden dem Vorwärtskommen untergeordnet. Wie selbstverständlich wird erwartet, dass andere das akzeptieren und sich damit arrangieren. Sollte doch der Beruf stets Vorrang vor allem anderen haben; Karrierechancen könne man nicht ausschlagen. Jede Gelegenheit gilt es zu nutzen, um vorwärts zu kommen. Das Private hat in den Hintergrund zu treten. Dass man damit auf Lebensqualität verzichtet, wird einem oft erst klar, wenn es schon zu spät ist. Claudia Schreiner berichtet sehr offen über ihre gescheiterten Partnerbeziehungen als Folge ihres Drangs nach beruflichem Weiterkommen. Die beruflichen Ziele schneiden ins Leben.

Eine namibische Touristenführerin erzählte mir, dass sie Besucher aus Deutschland und anderen westlichen Ländern oft im Rückspiegel ihres Autos beobachtet. »Sie alle schauen nur geradeaus«, meinte sie, »ich mache sie dann oft auf Sachen aufmerksam, die rechts oder links der Straße zu sehen sind, denn von selbst bemerken sie das nicht.« Sie erklärt sich das damit, dass die Leute heutzutage so viel fernsehen, also nur geradeaus auf ein Bild fokussiert schauen. Man könnte es auch mit der

Computerarbeit in Verbindung bringen, die verlangt, tagaus tagein viele Stunden auf den Monitor zu blicken. Das »Geradeausschauen« entspricht aber auch sehr unserer westlichen Haltung des Vorwärtsstrebens.

Während wir unsere Ziele auf direktem Wege verfolgen, glauben wir, es müsse immer etwas Ungewöhnliches passieren, etwas Außergewöhnliches, etwas Aufregendes. Je gleichmäßiger die Tage verlaufen, desto mehr haben wir den Eindruck, dass nichts geschieht. Angst kommt auf, dass wir unsere Zeit wenig nutzen und das Leben uns entgleitet. Diese Angst hindert uns daran, das Leben, so wie es ist, zu erleben. Wir rennen einem zukünftigen und deshalb fiktiven Leben hinterher und dabei vor uns selbst davon.

Das Geschäft Zukunft

Horoskope, die Künste des Kartenlegens, Handlesens und Wahrsagens haben Hochkonjunktur. Umfragen zeigen, dass zwei Drittel aller Deutschen ihr Horoskop in Zeitungen oder Zeitschriften regelmäßig lesen. Für Frauenzeitschriften ist das Horoskop ein großes Geschäft, viele Frauen lesen es als Erstes. Je besser es passt, desto größer die Wahrscheinlichkeit, dass sie die Zeitschrift beim nächsten Mal wieder kaufen.[41] Ganz offensichtlich ist das Bedürfnis, einen Blick in die Zukunft zu tun, immens. Auch einflussreiche Politiker ließen und lassen sich von Zukunftssehern und Astrologen beraten. Erinnert sei hier an Ronald Reagan, der über zwei Wahlperioden hin das als so fortschrittlich geltende Amerika regierte. Zahlreiche Angebote aus der Welt der Esoterik und des New Age versprechen Möglichkeiten, in der Zukunft liegende Chancen erkennen zu können. Es gilt jedoch – ganz im Sinne des alten Protestantismus –, sich diese Chancen durch »geistige«, »mentale«, »spirituelle« Herausforderungen zu erarbeiten sowie »prüfende Phasen« zu bestehen.

Gedankenspiel

Stellen Sie sich vor, *Sie haben einen Job und wissen genau, welche Aufgaben Sie zu erfüllen haben und was in Ihrem Verantwortungsbereich liegt. Sie integrieren diesen Job in Ihr Leben und konzentrieren sich auf das, was jeweils gerade ansteht, in der Arbeit und auch zu Hause. Manchmal gibt es Anlass zum Ärgern, dann wieder freuen Sie sich. Gelegentlich sind Sie traurig, manchmal geht es Ihnen einfach nur gut, ohne dass etwas Besonderes geschehen ist.*

Hin und wieder kommt bei Ihnen der Wunsch auf, etwas anderes zu machen, sich beispielsweise beruflich umzuorientieren. Dann, und erst dann, schauen Sie sich nach neuen Möglichkeiten um; aber Sie tun es dann auch. Sie fühlen eine innere Sicherheit, sich für die richtigen Gelegenheiten aufzutun. Das hilft Ihnen, das, was sich gerade anbietet, auf Vor- und Nachteile und auf Ihre Bedürfnisse hin zu analysieren. Weil Sie nicht auf eine bestimmte Richtung festgelegt sind und nicht nach Karrierechancen oder -sprüngen Ausschau halten müssen, stehen Ihnen viel mehr Möglichkeiten offen. Weil Sie sich ohne Druck und Zwang nach etwas Neuem umsehen, behalten Sie Ihre innere Gelassenheit. Aus dieser schöpfen Sie Kraft und Selbstvertrauen, auch dafür, etwas anzugehen, das sich vielleicht in einem ganz anderen beruflichen Bereich, einer anderen Stadt oder auch einem anderen Land auftut.

Und dann, diese neue Möglichkeit auslebend, stellen Sie fest, wie sich daraus wiederum viele neue, ungeahnte Erlebnisse ergeben: Weil Sie neue Menschen kennen lernen, die Ihnen zeigen, dass Sie über bestimmte Dinge ganz anders denken können, als Sie es bisher taten; weil Sie auf ganz andere Verhaltensweisen treffen, mit denen Sie manches nun aus einem anderen Blickwinkel heraus beurteilen. All das erleben Sie als eine persönliche Bereicherung. Dies gibt Ihnen neue Kraft und Ihr Leben macht Ihnen viel Spaß.

Sie sind neugierig, sind offen fürs Leben – von dem Sie noch gar nichts wissen, das Sie noch gar nicht vorhersehen können. Und weil Sie sich keinen bestimmten Zeitpunkt setzen, zu dem Sie etwas erreicht haben wollen, werden Sie später, irgendwann, wieder auf etwas Neues treffen, auf etwas, an das Sie bisher noch gar nicht gedacht haben, das Sie aber ganz persönlich anspricht.

Sie ergreifen diese ungeplanten Möglichkeiten und erfahren wieder ungeahnte und wertvolle Bereicherungen. All das schafft Ihnen in hohem Maße Lebensqualität.

Kommt bereits eine innere Ruhe auf, während Sie das lesen? Oder halten Sie es für ausgesprochen unrealistisch? Weil Sie sich nicht vorstellen können, sich dem Leben einfach so hinzugeben, ohne feste Planung der Zukunft? Wenn dies der Fall ist, sind Sie wahrscheinlich noch ganz und gar im Erfolgsstreben gefangen. Wagen Sie, vielleicht auch nur in kleinen Dingen, von Ihren Planungen abzulassen, und warten Sie, was passiert!

Kapitel 7

Der Körper –
Einsatz für den Erfolg

Durch Profilierungszwänge entfremden wir uns von uns selbst. Sie verhindern, dass wir uns, so wie wir sind, mit unseren Stärken und Schwächen, annehmen. Genauso halten unsere vielen Ziele und Planungen uns vom tatsächlichen Leben fern. Die persönliche Entfremdung spielt sich in erster Linie im Kopf ab, hat jedoch Auswirkungen auf unser Verhalten wie auch auf unseren Körper. Das Fatale daran ist, dass diese Konsequenzen in der Welt des Erfolgs positiv gesehen und gewertet werden, sie erst scheinen auf Erfolg hinzudeuten.

Mit Stress zum Erfolg

Die Typ-A-Menschen

Bettina sieht wieder ganz zerzaust aus. Seit dem frühen Morgen regt sie sich darüber auf, dass alles nicht so klappt, wie es sollte. Der Monatsbericht ist nicht fertig, weil noch ein paar Zahlen fehlen, die Kollege Sieber gestern schon hätte liefern sollen. Das Schreibbüro hat eine absolut unfähige Dame bereitgestellt, die von Kommasetzung keine Ahnung hat. In der Besprechung eben mit dem Planungskomittee hatte Bettina es »nur mit Idioten zu tun, die viel reden, aber nichts auf die Beine stellen«, musste sie verärgert feststellen. Kollege Ritter hat mit seinem charmanten Lächeln versucht, sie klein zu machen, »er hätte immer noch gerne meinen Stuhl«, da ist sich Bettina sicher. Ungeduldig wartet sie jetzt auf Erwin, der, wie so oft, unpünktlich zur Arbeit kommt und zudem den Kopierschlüssel mit nach Hause genommen hat. 9 Uhr 10 ist es, und Bettina ist bereits seit sieben im Büro. »Aber nichts geht voran«, muss sie verzweifelt feststellen. Und das, obwohl ihr sowieso ständig die Zeit davonläuft. Mitarbeiterin Hildegard hat eben angerufen und mitgeteilt, dass ihr Baby krank sei und sie erst gegen elf im Büro sein könne. Erst gestern hatte Bettina sie angesprochen und gefragt, wie sie sich ihre weitere berufliche Zukunft mit dem »Handicap Kind« vorstellt. »Wie soll das alles weitergehen, wenn keiner mitzieht?«, fragt sich Bettina. Schließlich ist sie als Programmchefin eines Verlages dafür verantwortlich, dass der Laden läuft. Eben erst hat sie eine Zigarette ausgedrückt und nun zündet sie sich bereits die nächste an. Weil sie die ganze Nacht von Migräne geplagt wurde, braucht sie dringend einen starken Kaffee, um ihre Übermüdung zu überwinden.

Bettina ist ein klassischer Fall des so genannten Typ-A-Verhaltens. Menschen dieses Typs zeigen ein ausgeprägtes Leistungsstreben mit starker Konkurrenzhaltung, sind sehr ehrgeizig, neigen zu Aggressivität und Feindseligkeit und fühlen sich permanent unter Zeitnot. Ruhelosigkeit, Ungeduld und Angespanntheit gehen damit einher.

Der Kontrast dazu ist das Typ-B-Verhalten mit seinen Merkmalen des Zeithabens und einer größeren allgemeinen Entspanntheit und Gelassenheit. Seit Ende der Fünfzigerjahre spricht man von diesen beiden Verhalten und inzwischen weiß man, dass das Typ-A-Verhalten die Entstehung koronarer Herzerkrankungen begünstigt.[42]

Zum Typ-A-Verhalten gehört Stress. Zeitknappheit ist eines der herausragendsten Merkmale von Erfolgsstress. Das Gefühl zeitlicher Überforderung lässt Menschen weder körperlich noch geistig zur Ruhe kommen, auch dann nicht, wenn sie das Büro nach einem langen Arbeitstag verlassen.

Stress entsteht, wenn Menschen unsicher sind, alle ihre Aufgaben bewältigen zu können, und so ein Gefühl der Bedrohung aufkommt. Viele fühlen sich dann allerdings erst recht herausgefordert, was jedoch das Stresserleben keineswegs mindert.[43] Wann Stress auftritt, ist von Person zu Person verschieden. Es gibt durchaus »hausgemachten« Stress – auch Bettina könnte mit dem, was in ihrem Büro geschieht, gelassener umgehen. Doch steigert sie sich in alles hinein, was nicht ihren Vorstellungen entsprechend verläuft, worauf sie aber keinen Einfluss hat, und verschlimmert so ihren Zustand.

Das Typ-A-Verhalten ist heute aktueller denn je. Sogar Kinder leiden bereits darunter, mit den entsprechenden gesundheitlichen Auswirkungen – etwa Migräne, Herzrhythmusstörungen, erhöhter Cholesterinspiegel –, wie der Psychologe David Elkind in seinem Buch »Das gehetzte Kind« aufzeigt.[44]

Das Typ-A-Verhalten ist nicht angeboren, es wird einem

anerzogen und ist eine Reaktion auf den Zwang zur Leistung und zum Erfolg. Konkurrenzorientiertes Verhalten ist Teil des kapitalistischen Wirtschaftssystems mit all seinem Streben nach Produktionserhöhung, es ist ein Faktor für das Funktionieren unserer Wirtschaft. So gesehen sind auch diese Typ-A-Menschen notwendig. Sie stützen mit ihrem ausgeprägten Konkurrenzverständnis das System.

Der kränkelnde Erfolg

Stress geht mit körperlichen Reaktionen einher: beispielsweise mit einer vermehrten Ausschüttung von Hormonen, die den Organismus auffordern, zusätzliche Energien zu mobilisieren. Dadurch wird in der Leber Blutzucker freigesetzt, Herzschlag und Blutdruck erhöhen sich, der Atem wird schneller und die Muskelanspannung nimmt zu. So wird der Boden für Krankheiten bereitet, vor allem wenn der Stress lang anhaltend oder dauerhaft ist.

Herz-Kreislauf-Versagen – im engen Zusammenhang mit Stress in Arbeit und Beruf zu sehen – steht weltweit an erster Stelle der Todesursachen. Umso mehr erstaunt es, dass die Medizin sich weniger mit den psychologischen Ursachen von Herzerkrankungen beschäftigt und der Frage, wie sie abzubauen wären, sondern sich in erster Linie auf die Behandlung der Erkrankten beschränkt, wenn auch mit erstaunlichen Erfolgen. Einfluss auf den krankheitserzeugenden Lebensstil hat dies im Allgemeinen jedoch nicht.

Das Streben nach Erfolg kann zu psychosomatischen Erkrankungen führen. Die Last der Arbeit und die belastenden Gedanken über eine mögliche Gefährdung des eigenen Erfolgs beeinträchtigen Rückenmuskulatur und Bandscheiben. Bevorstehende unangenehme Auseinandersetzungen oder etwas unbewältigbar Erscheinendes drücken auf den Magen, bis schließlich ein Magengeschwür entsteht. Die Angst, alles nicht zu schaffen, nimmt einem die Luft, das Herz beginnt plötzlich zu schmerzen. Die arbeitgeberfreundliche Migräne setzt nur am Wochenende ein oder, wie im Falle Bettinas, nachts, wenn Gelegenheit ist, all die Konzentrationsanforderungen los- und den Kopfschmerz zuzulassen.

Im Herbst 1997 fand in Berlin ein Kopfschmerzkongress statt, auf dem ein neuartiges Medikament gegen Migräne vorgestellt wurde. Eine der Koryphäen, Professor Einhäupl, erklärte in einem Fernsehinterview, dass Stress ein Auslösefaktor für Migräne sei. Ruhe wäre angesagt und könne die Migräne verhindern, so der Professor. Doch im selben Atemzug sagte er: »... aber wer kann schon Stress vermeiden«. Stress wird heutzutage als gegeben hingenommen. Ebenso selbstverständlich ist es, lediglich nach neuen Medikamenten zu suchen, mit denen sich das Stress-Symptom Migräne betäuben lässt, obwohl sich mit sehr viel einfacheren und billigeren Mitteln Migräne von vornherein verhindern ließe.

Keine Zeit zum Ausruhen

Ist Muße ein Thema für die Erfolgreichen? Wohl eher nicht und schon gar nicht für jene, die noch viel mehr erreichen wollen. Und dies liegt weniger an der angeblich fehlenden Zeit als vielmehr an der inneren Haltung. Immer wieder hört man Leute sagen: »Ich muss mich zusammenreißen, um entspannen zu können.« Welch schreckliche Vorstellung, auf diese Weise zu entspannen: sich »zusammenzureißen« bedeutet, sich anzuspannen. Entspannung als etwas Schönes zu empfinden und zu genießen, ist unter Anspannung geradezu unmöglich.

Ruhezeiten verschaffen sich erfolgsorientierte Menschen, wenn überhaupt, mit autogenem Training, mit Yoga oder anderen Übungen. So haben sie das beruhigende Gefühl, wenigstens »sinnvoll« zu entspannen und die »kostbare« Zeit nicht zu vergeuden. Verbunden natürlich mit dem Hintergedanken, dadurch noch leistungsfähiger zu werden. Auch Entspannung soll »effektiv« und »effizient« und der Karriere dienlich sein.

Ingrid, eine meiner Interviewpartnerinnen, erzählte: »Ich habe früher mal Yoga gemacht. Das hat insofern geholfen, als ich dann für eineinhalb Stunden voll auf meinen Körper konzentriert war und wirklich darauf schauen musste, was ich mit meinen Muskeln machte. Aber sobald die Entspannung da war, ertappte ich mich oft dabei, wie ich in Gedanken wieder bei der Arbeit war. Ich kann von der Arbeit nicht loslassen, weil mein Kopf nie ruhig ist.«

Interessant, wie viele Menschen zu Entspannungsformen greifen, die dem asiatischen Kulturkreis entstammen. Den Stress zu beseitigen, schaffen sie aber offensichtlich nicht – möglicherweise, weil die zu Grunde liegenden östlichen Lebensphilosophien den westlichen Denk- und Lebensweisen, in denen es stets um ein Mehr geht, krass entgegenstehen. Grundsätzlich gesehen bräuchten wir gar keine Entspannungs-»Techniken«, ein Wort, das obendrein auch noch an das Funktionieren von Maschinen erinnert: Wir könnten es uns viel einfacher machen.

Gedankenspiel

Stellen Sie sich vor: *Sie liegen im weichen Lie-gestuhl, im Schatten eines großen alten Baumes, am Ufer eines Flusses und hören das Rauschen des Wassers. Sie brauchen Ihren Körper nicht zu bräun-en, und deshalb wird auch die Sonne nicht zu heiß und anstrengend. Sie sind ganz entspannt. Zwischendurch lassen sich ein paar Vögel in Ihrer Nähe nieder, die Sie beobachten. Die Kühltasche ist gefüllt mit frischem Obst. Niemand stört Sie. Sie geben sich ganz der Ruhe hin. Keine Gedanken an die Arbeit drehen sich im Kopf, nichts erinnert Sie an das, was Sie gestern übersehen haben und morgen tun sollten ...*

Würde Ihnen das gefallen? Meinen Interviewpartner/ inne/n habe ich diese Passage während der Interviews vorgelesen. Spontane Reaktionen wie »Ah, wäre das schön« kamen, doch im gleichen Atemzug erzählten die Befragten, dass sie es sich gar nicht vorstellen könnten, nicht an die Arbeit zu denken. Sie ist stets präsent. Ständig geht ihnen im Kopf herum, was sie vielleicht gestern im Büro vergessen haben und was es alles noch zu tun gibt. Besonders überraschte mich die Reaktion einer Frau auf diese Passage: Sie sagte, ja, das sei sehr schön, und man sollte sich solche Szenarien immer mal wieder für ein paar Minuten »visualisieren«. Dann bräuchte man gar nicht wirklich zum Fluss zu gehen und könnte dennoch aus dem kurzzeitigen Abschalten neue Kraft ziehen, um »gleich wieder besser weiterzuar-beiten«. Sie verstand ganz offensichtlich die Bedeutung nicht, sich in die Natur zu begeben und nichts weiter zu tun, als sie auf sich wirken zu lassen.

Wir alle brauchen Zeiten ohne Druck, in denen nichts geschafft werden muss, Zeiten, in denen wir frei von Uhr und Terminkalender sind, in denen wir Beschäftigungen nachgehen können, die uns Freude, Spaß und Genuss bereiten. Das gestehen sich viele allerdings nicht zu.

Jedes Tier macht Pausen, auch die Pflanzen wachsen nicht ununterbrochen. Als Geistwesen hingegen glaubt der Mensch zu besonderen Leistungen fähig zu sein. An dieser Geisteskraft sollte man jedoch stark zweifeln. Denn was der Mensch sich damit antut, wirkt nicht gerade geistvoll oder intelligent. Verkennt er doch seine natürlichen Bedürfnisse ganz und gar und gefährdet dabei sogar sein Überleben. Hörsturz und Herzinfarkt sind typische Beispiele für eine stressbedingte Überreaktion des Körpers.

Der Erfolgsindikator Stress

Wer heutzutage erfolgreich sein will, von dem ist psychische Belastbarkeit gefordert, darauf weisen auch die Karriereratgeber hin. Denn der Erfolg zehrt an den psychischen Kräften. Die permanente innere Unruhe lässt einen »aufgedreht« zurück. Verspannungen im Nacken, das Gefühl, der Körper breche gleich zusammen, weil man den ganzen Tag über noch nicht die Zeit zum Essen gefunden hat, zu wenig Schlaf, Erschöpfungszustände verhindern ein körperliches Wohlbefinden, machen gereizt und aggressiv. Damit muss der erfolgreiche Mensch umgehen lernen.

Jemand, der Zeit hat, macht sich schnell verdächtig, nicht genug zu arbeiten und zum Zeitverschwenden zu neigen. Wer will sich das nachsagen lassen, in einer Gesellschaft, in der die Zeit zu nutzen einen so hohen Stellenwert erfährt. Wer allerdings stets im Zeitstress ist, von dem glaubt man, dass er viel leistet und seine Zeit nutzt. Täglich Überstunden machen gilt als engagiert und karrieregeeignet. Wer dagegen die gleiche Arbeit in kürzerer Zeit und vielleicht qualitativ noch besser erledigt und dann nach Hause geht, gefährdet seine Karriere. Ein ausgeglichener und stressfreier Umgang mit Zeit gefährdet die Karriere, während ein tatsächlicher oder nur vorgetäuschter Zeitstress sie fördert.

Es gibt keine bessere Ausrede, um Menschen oder Aufgaben abzuwehren, als den Verweis, gerade »fürchterlich im Zeitdruck« zu sein oder einen »Termin« zu haben. Termine geben einem zudem das Gefühl eigener Wichtigkeit. Ein voller Terminkalender deutet auf die Wichtigkeit des Besitzers hin, dieser scheint gebraucht zu werden. Der Soziologe Klaus Laermann spricht gar von einer regelrechten »Terminsucht«, die den heutigen Menschen prägt.[45]

Der Zeitstress des Menschen hängt auch mit seiner Fähigkeit zusammen, Maschinen zu konstruieren, die immer mehr in immer kürzerer Zeit leisten. Anstatt sich damit zufrieden zu geben und dafür selbst immer weniger zu arbeiten, versucht er, sich der Geschwindigkeit und Leistungsfähigkeit der Maschinen anzupassen. Er ist in dem Glauben, er selbst funktioniere ebenfalls nach den Gesetzmäßigkeiten der Mechanik. Am liebsten vergleicht er sich mit dem Computer. Darauf verweist schon die Terminologie, etwa wenn vom »Programmieren« die Rede ist wie beim in bestimmten Kreisen sehr angesehenen NLP (Neurolinguistisches Programmieren). Der Psychiater Laing schreibt von Menschen, die sich selbst als Automaten, als Roboter oder als Maschinenteile erleben, und meint dazu: »Solche Personen werden mit Recht als verrückt angesehen. Warum aber betrachten wir nicht eine Theorie, die Personen in Automaten … zu transmutieren sucht, als ebenso verrückt?«[46]

Der Mensch ist schlicht und einfach keine Maschine. Er ist nicht immer gleich einsatz- und leistungsfähig, er ist stimmungsabhängig, wetterabhängig, jahreszeitenabhängig, vom Tag-Nacht-Rhythmus geprägt, er ist ein Teil der Natur. Doch das wollen viele nicht wahrhaben, Erfolgsuchende schon gar nicht.

Kraft durch Aussicht auf Erfolg

Arbeit hält den Menschen fest und lässt ihn nicht los. Sie ist stets präsent, auch wenn man scheinbar nichts tut. Wer seine Arbeit wichtig nimmt, viel über sie nachdenkt, ihr hohen Einsatz widmet, engagiert und motiviert an Aufgaben herangeht, will etwas im Leben erreichen. Das Streben nach Erfolg motiviert, aus ihm schöpft man Kraft und Energien, auch dann, wenn man vor Müdigkeit und Erschöpfung am liebsten gar nichts mehr tun will. Doch die Aussicht auf Erfolg treibt an, verspricht ein besseres Leben in der Zukunft. Das eigentliche Leben wird so verschoben, das Leben in der Gegenwart vernachlässigt.

Ein neuer Job oder eine Aufgabe, die eine besondere berufliche Herausforderung darstellt, werden von Karrieremenschen gerne angenommen, auch wenn sie erhöhten Arbeitseinsatz und zusätzlichen Stress bedeuten. Gerade Menschen, die schon sehr viel erreicht haben, sagen leichter Ja zu neuen Aufgaben. Wenn sie sich überhaupt die Frage stellen, ob sie das Geforderte bewältigen werden, kommt schnell die Antwort: »Ach was, bisher habe ich auch alles geschafft.« Werden sie zudem von Vorgesetzten ermutigt mit Worten wie »*Sie* schaffen das schon, sehen Sie es als eine *Chance*«, dann wird umso bereitwilliger zugesagt. Solche »Chancen« ehren einen, sie »spornen« dazu an, noch mehr zu leisten – und sie bringen einen immer weiter vom wirklichen Leben weg, in dem man es sich gut gehen lassen könnte. Weniger zu arbeiten, ausgiebig Zeit mit der Familie zu verbringen, mit Freunden und Freundinnen gemeinsam etwas zu unternehmen, in entspannter Atmosphäre sich zu unterhalten, Zeit zu haben, sich ins Café zu setzen, im Park spazieren zu gehen, Bücher zu lesen, die man schon immer mal lesen wollte – all das und mehr hätte das Leben zu bieten. Man müsste sich nur trauen, sich langsam aber sicher aus der Erfolgswelt zu entfernen, um festzustellen, dass einem das ausgesprochen gut bekommt. Möchten Sie es gerne versuchen? Und zwar jetzt und nicht erst später? Oder glauben Sie, Sie müssten noch eine Zeit lang weitermachen in der »Tretmühle« des Erfolgs?

Ausgebrannt vorwärts streben

Philemon hat zwei Doktortitel, ist Referatsleiter in einer Verwaltungsbehörde, in fünf verschiedenen Gremien tätig sowie außerordentlicher Berater in einem Ministerium und seit einem Jahr geschieden. Philemon weiß sehr viel. Er ist sehr belesen und es ist bereichernd, sich mit ihm zu unterhalten, wenngleich die Themen, über die man mit Philemon reden kann, überwiegend aus seinen Spezialgebieten stammen. Zur Mittagszeit trifft man ihn oft in seinem Stammcafé an. Doch je länger man ihn kennt und je häufiger man ihn trifft, umso mehr ist man versucht, ihm aus dem Weg zu gehen. Mit eingefallenem Gesicht und tief liegenden Augen sitzt er da, es ist förmlich zu sehen, wie er laufend

Gewicht verliert. Und immer häufiger erzählt er, wie müde und erschöpft er sich fühle und nach Erholung lechze, was in seinem Fall aber nicht möglich sei, so Philemon, weil so viele Dinge termingerecht zu erledigen wären. Ehrlich gesagt: Philemon nervt. Marina, die selbst dazu neigt, häufig über ihre viele Arbeit zu klagen, hat ihn neulich im Supermarkt getroffen. Danach beschloss sie, künftig nicht mehr über die Arbeit zu jammern. »Man wird ja zur Zumutung für jeden anderen und macht sich auch noch lächerlich«, begriff Marina.

Philemon lacht kaum noch. Er lebt trotz seines guten Postens fast armselig. Seit der Scheidung ist sogar das Geld knapp. Die hohen Unterhaltskosten für Frau und Kinder beanspruchen sein beträchtliches Gehalt nahezu völlig, auch weil die Schulden für das Haus, das seine Frau jetzt mit den Kindern bewohnt, noch abbezahlt werden müssen. Wegen eines höheren Gehalts hat Philemon ein Beförderungsgesuch auf einen Direktorenposten eingegeben. Er ist sich durchaus darüber im Klaren, dass dann seine Arbeitsbelastung weiter steigt. Und es ist voraussehbar, dass es ihm mit dieser neuen Aufgabe gesundheitlich noch elender ergehen wird. Doch für Philemon stellt sich gar nicht die Frage, diesen Posten, sollte er ihn bekommen, anzunehmen. »Ich will noch etwas aus meinem Leben machen«, sagt Philemon, der bald seinen 52. Geburtstag feiert.

Bei Philemon sehen wir deutliche Anzeichen des Burnout-Syndroms, von dem heute zunehmend die Rede ist. Burnout – ausgebrannt –, welch schreckliche Metapher! Wer sich ausgebrannt fühlt, hat den Eindruck, keinerlei Energien mehr zu haben, sich ausgelaugt zu fühlen, alles ist zu viel, man ist nur noch müde, völlig ohne Ideen und möchte am liebsten alles »hinschmeißen«. Doch in einer Welt, in der das Leben fest auf Arbeit und dem damit verbundenen Geld basiert, kann niemand so einfach aus dem Beruf aussteigen. Und diejenigen, die auf Erfolg getrimmt sind, wie Philemon, denken nicht über alternative, weniger stressreiche Arbeitsmöglichkeiten nach.

In allen Berufsbereichen klagen Menschen darüber, sich total ausgebrannt zu fühlen, keine Kraft mehr zu haben und zeitweise – völlig erschöpft – regelrecht zusammenzubrechen. Treten die angestrebten Erfolge nicht ein, stellen sich Gefühle von Versagen und Hilflosigkeit ein. Wenn sich zudem Kolleg/inn/en und Vorgesetzte nicht kooperativ zeigen, entsteht schnell der Eindruck, man habe die Situation nicht mehr im Griff und verliere die Kontrolle.

Doch die wenigsten geben auf; im Gegenteil, sie wollen noch weiter, hinein in den Erfolg, auch wenn das Leben zur Qual wird und sie für ihre Mitmenschen eine »Zumutung« werden. Die Angst vor dem »Karriereknick« ist zu groß; den gilt es zu vermeiden.

Entscheidet sich jemand dennoch bewusst dafür, den Wettlauf um den Erfolg nicht mehr mitzumachen, und bemüht sich nicht mehr um ein Weiterkommen, wundern sich Familienangehörige, Freunde, Bekannte und Berufskolleg/inn/en über ein solches Verhalten, umso mehr, wenn jemand es schon ziemlich weit nach »oben« geschafft hat. Schnell wird das als ein Schritt zurück interpretiert, auch wenn es ein Schritt vorwärts für das persönliche Leben und mehr Lebenszufriedenheit bedeutet.

Es fehlt uns an »Vorbildern« in der Erfolgswelt, die an einem bestimmten Punkt ihrer beruflichen Laufbahn ganz bewusst von sich aus beschließen, nicht mehr

»weiter« zu gehen, sondern sich mit dem zufrieden geben, was sie bereits erreicht haben, und die dann nach Wegen zu einem schönen, erholsamen und entspannenden Ausgleich zum Berufsalltag suchen.

Erfolgreiche Menschen sind fit!

Nicht alle Erfolgreichen leiden am Burnout-Syndrom. Vor allem nicht in jüngeren Jahren, wenn der Körper noch über ausreichend Energien verfügt. Um den Kräfteverschleiß zu vermeiden, scheint es für die Erfolgsuchenden ein probates Mittel zu geben: das Fitness-Studio.

Ulli kann es gar nicht verstehen, dass ich nicht ins Fitness-Studio gehe. Sie ist zweimal in der Woche dort und fühlt sich hinterher sehr gut. Mir würde das auch gut tun, meint sie, obwohl ich mich nie über mein Befinden beklage. Ich müsse nicht unbedingt Gewichte stemmen, so Ulli. Ich könne auch auf dem Laufband trainieren oder mit dem Stairmaster in verschiedenen Geschwindigkeiten Treppen steigen. Sofort denke ich an meine Treppe zu Hause, die ich so oft verfluche, wenn ich mal wieder was in den oberen Räumen vergessen habe. Statt des Laufbandes könnte ich im nahe gelegenen Park spazieren gehen, fällt mir ein, und das kostenlos. Ulli ahnt nichts von meinen Überlegungen. Sie schwärmt weiter davon, wie toll es ist, etwas »wirklich Körperliches« zu leisten, wie sie sagt, und sich dabei jedes Mal etwas mehr zu steigern. Ihre Erfolge kann sie direkt an den Zählautomaten ablesen, die an jedem Gerät angebracht sind. Ulli geht gerne in ihr Fitness-Studio, in dem es immer etwas nach dem Körperschweiß der vielen unbekannten Menschen riecht.

Fitsein ist längst zu einem neuen Ziel geworden, das gerade für Erfolg suchende Menschen Anziehungskraft hat. Der erfolgreiche Karrieremensch hat nicht nur viel Geld, ein schickes Auto und einen tollen Job, er ist auch fit.

Das englische Wort fit bedeutet so viel wie passend, geeignet, fähig, tauglich. Das ist es, was von erfolgreichen Menschen erwartet wird, und es hat gar nichts mit Sport zu tun. Fitte, das heißt erfolgsorientierte Menschen haben sich anzupassen und sich als tauglich zu erweisen.

Trotzdem wird Fitness heute mit Sport und Bewegung in Verbindung gebracht. Letzteres ist sicher wichtig, wenn man bedenkt, wie viele Menschen auf Grund ihrer Arbeitstätigkeit keine natürliche Bewegung mehr haben. So arbeitet heute jeder vierte Deutsche in einem Büro – sitzend. Viele Stunden am Tag. Rückenschmerzen, Rückgratverkrümmungen und Bandscheibenschäden sind die Folge. Sportliche Betätigung kann einen Ausgleich dafür schaffen. Doch Sport hat für viele längst nichts mehr mit »Ausgleichssport« zu tun, sondern mit Hochleistungen und körperlichen Überforderungen. Die Kraftakte beim Gewichtestemmen, die sich der Mensch von Natur aus sicher nicht abverlangen würde, sind nur ein Beispiel dafür. Wer Sport in der Freizeit macht, will auch hier beweisen, wie gut er ist und zu welchen Leistungen er sich steigern kann.

Bestimmte Sportarten werden zur Sucht, weil sie im Körper Endorphine freisetzen, die ein ausgesprochenes Wohlgefühl erzeugen. Allerdings müssen zunehmend größere Anstrengungen unternommen werden, um dieses Gefühl weiterhin zu erleben. Wie bei Drogen muss die Dosis kontinuierlich erhöht werden, um die entsprechende körperliche Reaktion hervorzubringen. Wer nicht ins Fitnesscenter geht, öffnet sich vielleicht dem Joggen, eine Sportart, bei der man viele erfolgreiche Persönlichkeiten als Vorbild hat, denken wir nur an Bill Clinton. Auch Joggen hält fit und verschafft, je länger man läuft, dieses Wohlgefühl. Wer nicht joggt, fährt vielleicht Fahrrad, aber auch hier mit dem Kilometerzähler und Geschwindigkeitsmesser.

Körperliche Bewegung könnte Spaß machen, etwas Befreiendes haben und müsste gar nicht anstrengend sein. Doch dann hätten wir es mit »einfachem« Sport zu tun, der nicht nach bestimmten, messbaren Zielvorgaben abläuft, sondern vielfach lediglich Spazierengehen, Schwimmen oder Volleyballspielen bedeuten könnte. Das wiederum hält gerade diejenigen ab, die es bereits aus dem Arbeitsfeld gewohnt sind, etwas zu »leisten«, und dabei stets nach Mehr streben. Sportliche Betätigung, die »zu einfach« ist, passt nicht zu denen, die es noch weit im Leben bringen wollen.

Erfolgreiche Menschen sind schlank!

Viele, die Sport betreiben, tun es oft gar nicht der Fitness wegen, sondern um überflüssige Pfunde loszuwerden. Auch das ist für den beruflichen Erfolg eine unabdingbare Voraussetzung, glauben viele.

Wenn Jessica in einen Spiegel schaut, fällt ihr Blick fast zwanghaft auf ihre Hüften. Angewidert stellt

165

sie jedes Mal fest, dass sie dort einfach zu breit ist. Vieles hat sie schon ausprobiert: spezielle Hüftgymnastik, Diäten, Schlankheitsgetränke aus der Apotheke. Doch nichts hat geholfen. 54 kg wiegt sie, mit ihren 1,67 m Größe. Tagsüber vergisst Jessica oft ihr Problem, denn als Produktionsassistentin in einer »chaotischen« Filmfirma, wie sie es bezeichnet, hat sie einen anstrengenden Job. Außerdem hängen im Büro keine Spiegel herum. Was Jessica an ihrem Job gut findet, ist die Tatsache, dass es ständig »heiß« hergeht und deshalb wenig Zeit für Essen bleibt. So kann sie wenigstens ihre Figur halten, wenngleich sie mit ihr nicht zufrieden ist.

Die erfolgreiche Frau von heute ist tendenziell magersüchtig. Analysen der Darstellungen erfolgreicher Frauen in Frauenzeitschriften, Werbeanzeigen und Filmen zeigen, dass die »erfolgreiche« Frau den Männern im Aussehen immer ähnlicher wird. Ohne Busen, ohne Hintern und vor allem ohne Bauch tragen solche Frauen Hosenanzüge oder Kostüme im strengen Schnitt. Die weiblichen Konturen treten in den Hintergrund, sind kaum mehr zu erkennen. Auch hier zeigt sich die Schizophrenie des Erfolgs: Einerseits soll die Frau voll und ganz Frau sein und zu ihrer Weiblichkeit und ihren Eigenschaften, die man sogar als die besseren Führungsqualitäten[47] erkannt hat, stehen, andererseits soll sie im Aussehen den Männern gleichen, um sich besser in deren Erfolgswelt zu behaupten.

Aber auch der erfolgreiche Mann hat schlank zu sein und viele Männer verzichten wie ihre weiblichen Gegenparts auf die Freuden des Essens. Wirkt doch ein schlanker Körper viel dynamischer als einer mit Rundungen oder gar Fettpolstern.

Immer wieder bieten Zeitungen und Zeitschriften entsprechende Schlankheitskuren an – ein Dauerbrenner. Wer es mit der Frühjahrskur nicht geschafft hat, dem hilft vielleicht die Herbstkur, um lästige Pfunde loszuwerden. Als letzten Ausweg gibt es Medikamente, von denen jede und jeder weiß, wie gefährlich sie sind. Unter dem Zwang, abnehmen zu müssen, werden sie nervös und aggressiv, weil dem Körper notwendige Energien fehlen.

Erfolgsbetonten Menschen ist Essen ein lästiges Übel, sofern es sich nicht um ein viel versprechendes Geschäftsessen handelt. Ansonsten: keine Zeit zum Essen. »Time is money«, dieses vielfach gepriesene Prinzip der Erfolgswelt hat nicht zuletzt die Fastfood-Kultur hervorgebracht. Längst ersetzen Vitamintabletten den Obstkauf. Es geht viel schneller, sich eine Vitamintablette in den Mund zu stecken, als Orangen einzukaufen, sie zu schälen und sich dabei auch noch die Finger schmutzig zu machen. Sich eine frische Gemüsesuppe zuzubereiten dauert eben länger als der Griff in die Tiefkühltruhe zum Produkt für die Mikrowelle.

Zeit zum Einkaufen bleibt selten, die Ladenschlusszeiten in Deutschland sind längst noch nicht auf die allabendlichen Überstunden der Karrieremenschen eingestellt. Außerdem ist Einkaufen verschwendete Zeit, allein das Anstehen an den Kassen dauert ewig – obwohl es selten mehr als fünf Minuten dauert. Und doch kommt es einem unendlich lange vor.

Die Essenszubereitung dauert noch länger. Wer spät abends, nach einem langen, hektischen, kräftezehrenden Arbeitstag nach Hause kommt, hat verständlicherweise keine Lust und Energie mehr, sich an den Herd zu stellen. Gerade Karrierefrauen sind oft Singles. Sie sind zwar mit dem nötigen Selbstbewusstsein ausgestattet, wenn es um ihre Selbstbehauptung in der Firma geht, dies reicht aber nicht so weit, alleine in ein Restaurant zu gehen, um sich dort verwöhnen zu lassen. So fehlt ihnen die entsprechende Ernährung, ihre Essgewohnheit unterstützt aber »die schlanke Linie«. Körper und Psyche aber leiden. Denn ein lieblos zubereitetes und wenig ansehnliches Wurstbrot, Kartoffelchips aus der Tüte, weil die gerade im Schrank sind und man nur die Tüte zu öffnen braucht, oder über Tage hinweg Nudeln mit Ketchup, weil das schnell geht und keine Extraarbeit erfordert, bringen keinen Spaß beim Essen und somit auch keinen Genuss. Das Leben scheint nicht nur düster, es ist es auch. Ist das Lebensqualität?

Karrierespiel 1: »Wer schläft am wenigsten?«

Siegesstraße Nr. 8, zweiter Stock: Renate wälzt sich im Bett. Sie kann nicht schlafen. 2 Uhr 27 zeigt der Radiowecker. Früh muss sie heute aufstehen, ist doch die erste Besprechung schon für 8 Uhr anberaumt. Sie selbst hat diesen Termin so früh gesetzt, und jetzt ärgert sie sich darüber. Eigentlich weiß sie ja, wie schwer es ihr fällt aufzustehen. Sie versucht zu lesen. Ihre Augen werden schnell müde. Sie schaltet das Licht aus und schon ist sie wieder hellwach. Eigentlich könnte sie die Akte Wächter durchsehen, denkt Renate. Sie hat sie mit nach Hause genommen, um am Abend noch daran zu arbeiten, tat es dann aber nicht. Doch nein, jetzt will Renate auch nicht damit anfangen. Sie dreht sich zur anderen Seite und versucht noch einmal weiterzuschlafen.

Im selben Haus, vierter Stock: Jürgen kommt gerade vom heimlichen Treff mit seiner Geliebten nach Hause. Es ist 3 Uhr 20. Wollte er doch im Anschluss an das Geschäftsessen mit den Vertriebsleuten der Firma Schaffer noch schnell bei ihr vorbeischauen. Um 5 Uhr wird der Wecker klingeln; um 6 Uhr 30 muss er am Flughafen sein, um die Frühmaschine nach Frankfurt zu bekommen, wo ein entscheidendes Meeting mit den Konzernleuten stattfindet. Er kann ja dann im Flugzeug noch ein kleines Nickerchen machen, überlegt Jürgen. Abends wird es wieder sehr spät werden, denn nach seiner Rückkehr aus Frankfurt werden bereits die Herren Monetti und Andiamo aus Mailand auf ihn warten. Und die machen in München immer gerne einen drauf. Aber jetzt muss Jürgen schnell einschlafen. Seine Frau fragt noch, wo er so lange war, doch Jürgen ist schon im Tiefschlaf.

Was gibt es Schöneres als den Schlaf? Sich ins weiche Bett kuscheln, einigen Gedanken nachhängen und dann in wohliger Schwere um Kopf, Augen und Glieder den Anstrengungen des Tages entschwinden, das gehört zu den behaglichsten Dingen des Lebens. Kann man sich dem hingeben, ohne zu einer festgelegten Uhrzeit darin unterbrochen zu werden und zum Aufstehen gezwungen zu sein, ist es noch viel schöner.
Wer viel arbeitet, schläft in der Regel auch zu wenig. Karrieremenschen insbesondere: Gedanken an die Arbeit hindern am Einschlafen oder Durchschlafen, die vielen Verpflichtungen des Karrierealltags gehen weit über das normale Arbeitspensum hinaus. Viele finden es sogar schick, sich und anderen zu beweisen, dass man mit ein paar Stunden Schlaf am Tag auskommen kann. Peinlich fast, wer bereits vor Mitternacht ins Bett

geht. Wer erklärt, er brauche täglich seine acht Stunden Schlaf, gilt als spießig. So jemandem scheint das Leben zu entgehen. Das trifft sicher zu bei täglich 12 bis 14 Stunden Arbeit – der verbleibende Rest des Tages lässt für Freizeitaktivitäten kaum noch Zeit. Verständlich, wenn jemand nach der Arbeit noch etwas anderes unternehmen möchte: Freunde treffen, ins Kino gehen, Einladungen annehmen oder aussprechen. Anstatt die Arbeit zu reduzieren, wird aber meist der Schlaf gekürzt. Auf Dauer ist dies dem Körper jedoch keineswegs dienlich.

Schlaf ist ein physiologischer Ruhezustand des Organismus, der der Erholung und Wiederherstellung der Leistungsfähigkeit dient. Für den Körper, den Geist und die Gefühle ist Schlaf lebensnotwendig. Ohne Schlaf kann kein Lebewesen über einen längeren Zeitraum bestehen. Experimente aus der Schlafforschung zeigen, dass Menschen, die am Schlafen gehindert werden, nach kürzester Zeit Konzentrationsstörungen aufweisen, nervös und aggressiv reagieren.[48] Fehlt ausreichender Schlaf, werden Körper, Geist und das Gefühlsleben überfordert; sie müssen mehr leisten, als es ihnen von Natur aus zugedacht ist. Doch auch das gehört zur Leistungsgesellschaft, auf der der Erfolg aufbaut.

Wenn man über Schlaf spricht, sollte man bedenken, dass manche Menschen Morgenmenschen sind, andere wiederum erst im Lauf des fortgeschrittenen Tages richtig »in die Gänge« kommen. Doch die Arbeitswelt nimmt darauf keine Rücksicht. Sie fordert von allen das Frühaufstehen. Selbst das so genannte Gleitzeitmodell schafft nur wenig zeitlichen Spielraum. Wer spätestens um neun im Büro zu sein hat und eine Stunde Anfahrt braucht, wird wahrscheinlich um sieben aufstehen. Vielen Menschen fällt es schwer, vor allem denen, die spät ins Bett kommen.

Wer hat sich das nur ausgedacht, die Arbeit frühmorgens beginnen zu lassen, noch dazu, wo heutzutage die meisten von Tag und Nacht, Wind und Wetter völlig losgelöst arbeiten könnten. Dieser Zwang erinnert an die Moralapostel des 18. Jahrhunderts: Der englische Methodistenprediger John Wesley beispielsweise betonte in seiner Predigt über die »Pflicht und Vorteile des Frühaufstehens«: »Wenn ihr euer Fleisch immerzu zwischen warmen Laken dünstet, wird es wie halb gar, schlaff und weich. Und dabei werden die Nerven völlig überspannt.«[49]

Aber man muss nicht in die Vergangenheit gehen, Ratgeber zum Zeitmanagement sagen Ähnliches. Joseph Cooper etwa schreibt in seinem Buch *So schafft man mehr in weniger Zeit*«:

> »Die Morgenstunden sind für die meisten von uns, die geistig arbeiten, die kostbarsten; denn Verstandes- und Arbeitskraft erreichen einen Höhepunkt, den wir für Gewinn bringende Tätigkeiten nutzen sollten. ... Die Zeitverschwendung am Morgen kann Sie, je nach Ihren Gewohnheiten, eine viertel, eine halbe oder sogar eine Stunde kosten.«[50]

Wer den Tag hektisch beginnt, um keine Zeit zu verlieren, für den ist der Tag schon gelaufen; Ruhe wird kaum noch einkehren. Viele haben sich das Frühstück abgewöhnt, weil sie dann noch etwas länger schlafen können. Andere sagen, sie können morgens nichts zu sich nehmen; ihr müder Körper ist noch auf Schlaf und nicht auf Essen eingestellt.

Das Diktat des künstlichen Zeitmaßes bestimmt das Leben eines jeden Menschen von frühmorgens bis zum Einschlafen. Ob das richtig ist, diese Frage stellt sich kaum jemand. Keine andere Maschine bestimmt das Le-

171

ben des Menschen so sehr wie die Uhr.[51] Nur während des Schlafs ist die Uhrzeit abwesend. Wachen wir zwischendurch auf, schauen wir sofort auf die Uhr, um zu wissen, wie lange wir noch schlafen dürfen. Aus Angst, Schlafzeit zu verlieren, schlafen wir mitunter schwer ein. Wir machen das alle mit, der Arbeitsstelle und des Erfolgs wegen. Und auch, weil uns von frühester Kindheit an der unsinnige und nicht unbedingt der Natur des Menschen entsprechende Uhrentakt nahe gebracht wurde. Auch unsere Kleinen müssen früh, sehr früh aufstehen und ihren Weg in die Kinderkrippe, den Kindergarten oder die Schule nehmen, wo sie auf die Erfolgswelt vorbereitet werden.

Karrierespiel 2: »Wer kommt am kränksten zur Arbeit?«

Liane ist mal wieder krank. Die Grippe hat sie erwischt. Die Nase läuft, der Hals schmerzt, die Temperatur ist leicht erhöht. Ihr Kopf fühlt sich schwer und dumpf an, die Glieder schmerzen. »Heute ist das Arbeiten wirklich anstrengend«, muss sich Liane eingestehen.

Liane ist oft krank. Manchmal taumelt sie von einer Grippe direkt in die nächste. Sie weiß zwar, was ihr gut tun würde: einfach ein paar Tage im Bett bleiben und sich auskurieren. Doch das lässt ihr verantwortungsvoller Job nicht zu. Als Produktmanagerin einer aufstrebenden Computervertriebsfirma kann sie es sich selbstverständlich nicht leisten, zu Hause zu bleiben.

Eben meinte ihr Chef: »Wenn du dich so schlecht fühlst, dann geh doch nach Hause!« Liane ist sich unschlüssig, ob sie das wirklich tun soll. Ehrlich gesagt, traut sie sich nicht. »Kollegin Mira kommt auch immer zur Arbeit, wenn sie Grippe hat. Außerdem würde so viel Arbeit liegen bleiben«, geht es Liane durch den Kopf. »Und wer weiß, was dann alles schief geht, wenn ich nicht da bin.« Sie beschließt, vielleicht morgen, sollte es ihr noch nicht besser gehen, etwas später zum Dienst zu kommen. Sie sprüht sich noch mal ein Antischnupfenmittel in die Nase, schluckt eine Tablette gegen die Schmerzen und das Fieber und nimmt zusätzlich einige Tropfen eines pflanzlichen Mittels.

Für wen ist es heutzutage noch normal, sich die nötige Zeit zum Auskurieren von so etwas »Banalem« wie eine Grippe zu nehmen? Gerade karrierebetonte Menschen können es sich anscheinend nicht leisten, wegen Krankheit der Arbeitsstelle fernzubleiben. Sie nehmen an, sie müssten zur Arbeit. Tatsächlich erwarten das die meisten Vorgesetzten und Arbeitgeber auch. Häufig ist davon die Rede, dass die Leute zu viel »krankfeiern«.

Anscheinend zeigt der Gang zur Arbeit trotz Erkrankung, wie wichtig man seine Arbeit nimmt und wie zuverlässig man ist. Kolleg/inn/en, die sich durch Krankheit nicht von ihrem Arbeitseinsatz abhalten lassen, bringen die anderen in Zugzwang, sich ähnlich zu verhalten.

Selbst wenn sie sich ausgesprochen schlecht fühlen oder gar Fieber haben, gehen Erfolgsmenschen zur Arbeit. Gewissermaßen um den anderen zu zeigen, wie krank sie wirklich sind, gleichwohl willens, voll da zu sein. Vielleicht mit der Hoffnung, die anderen mögen sie heimschicken. Doch selbst wenn dies geschieht, sind sie unsicher, ob sie das wirklich tun können. »Was wird dann aus der Arbeit?«, ist die quälende, vielleicht lediglich nur rechtfertigende Frage für das Durchhalten, weil sie nicht den Mumm haben, nach Hause zu gehen. Die Frage »Was werden die anderen von mir denken?« steht zu sehr im Vordergrund. Vielleicht aber auch wegen der Angst, die Kolleg/inn/en könnten alles ohne sie schaffen. Andere sind davon überzeugt, sie seien unentbehrlich und ihr Krankheitsausfall könnte unwiederbringliche Verluste für die Firma zur Folge haben. Die Arbeit ist wichtiger als die Gesundheit!

Gedankenspiel

Stellen Sie sich vor, *Sie haben Grippe. Sie fühlen sich schlapp und ohne Energie. Mit gutem Gewissen können Sie eine Woche zu Hause verbringen. Sie trinken heißen Lindenblütentee mit Zitrone, schlafen viel, blättern zwischendurch in der Zeitung. Nach einer Woche schließlich kommen all Ihre Kräfte zurück und Sie haben richtig Lust, ins Büro zu gehen, an Ihren Aufgaben weiterzuarbeiten. Und Ihre Kolleg/inn/en freuen sich, dass Sie gut ausgeruht und mit neuen Kräften zurückkommen.*

Sagen Sie, dass das sehr schön wäre, aber in Ihrem Fall nicht möglich sei? Vielleicht geht es aber nur darum, ob Sie sich eine Erkrankung zugestehen und sich die Zeit zum Ausheilen nehmen. Grundsätzlich geht es aber um die Frage, ob Ihre Gesundheit Ihnen wichtiger ist oder Ihre Karriere.

Kapitel 8

Erfolg – eine Droge

Gehören Sie zu den Menschen, die ganz souverän mit Arbeitsstress umgehen können? Dann haben Sie es gut getroffen. Andere allerdings geraten im Verlauf ihres Erfolgsstrebens in einen regelrecht verfänglichen und gefährlichen Arbeitssog, dem zu entkommen oft nur noch mit professioneller Hilfe möglich ist.

Die Sucht nach Arbeit

Ulrich arbeitet in einem angesehenen Ingenieurbüro. Er ist verantwortlich für den Umbau eines großen alten Jugendstilhauses, in dem künftig der Hauptverwaltungssitz einer Versicherung untergebracht werden soll. Dieses Projekt sieht Ulrich als seine große Chance und Herausforderung zugleich. Damit kann er endlich allen beweisen, was in ihm steckt. Es gibt eine irrsinnige Menge an Arbeit. Das Zusammenwirken mit den Architekten, dem Bauunternehmen, den Elektrik- und Wasserinstallationsfirmen, den Leuten, die die Innenausstattung vornehmen sollen, und nicht zuletzt mit den Verantwortlichen aus der Versicherung. Vieles erweist sich als schwierig und oft gibt es unvorhergesehene Komplikationen. Im Büro stehen ihm zwei Ingenieure zur Verfügung, ein jüngerer und ein älterer sowie eine Sekretärin. »Doch auf alle drei ist kein wirklicher Verlass«, meint Ulrich. Er glaubt, alles kontrollieren und selbst hinter allem her sein zu müssen, damit keine Fehler unterlaufen. Aber es gefällt Ulrich, »so viel Verantwortung zu haben, auch für Mitarbeiter, und dass alles von mir abhängt«. Manchmal allerdings ist Ulrich nicht so sicher, ob seine Geschäftsleitung überhaupt erkennt, was er alles macht und wie wichtig er für das Projekt ist. »Etwas öfter könnten sie schon ihre Anerkennung zeigen. Vielleicht passt ihnen etwas nicht an mir, vielleicht sind sie gar nicht so zufrieden, wie sie immer sagen«, kommt es Ulrich hin und wieder in den Sinn. Zugegeben, auch Ulrich hat schon Fehler gemacht und Dinge vergessen, aber bis jetzt konnte er es immer so hindrehen, dass das nicht sein Verschulden war. In solchen Situationen kommt Panik bei ihm auf und die Angst, er könnte alles nicht schaffen. An anderen Tagen wiederum ist er überzeugt davon, dass kein anderer dieses Projekt so gut durchziehen könnte wie er. Und dann arbeitet er noch härter, voller Energien und hoch motiviert.

Ulrich hat schon von jeher viel gearbeitet. Aber für dieses Projekt arbeitet er noch mehr. Bis 20 Uhr ist er jeden Tag im Büro, an manchen Tagen sogar länger. Auch samstags ist er dort anzutreffen, weil ihn dann kein Telefon stört und er sich in Ruhe seiner Sache widmen kann. Seit einem drei viertel Jahr

geht das schon so. Den Urlaub hat er bereits zweimal verschoben. Sonntags nahm er sich gewöhnlich Arbeit mit nach Hause. Doch damit soll jetzt
Schluss sein. Ulrichs Frau besteht darauf, dass
er sonntags nichts, aber auch gar nichts arbeitet
und sie beide etwas mit ihren vier- und sechsjäh-
rigen Söhnen unternehmen. Mit Widerwillen hat
Ulrich zugestimmt. Letzten Sonntag besuchten sie
ein neu eröffnetes Hallenwellenbad. Ulrich konnte
nicht umhin, einige Unterlagen in seine Badeta-
sche zu stecken. Heimlich hat er darin geblät-
tert, als seine Frau in der Sauna war. Die Kinder
schickte er ins Kinderbecken, alleine. Doch später
hat der ältere Sohn es der Mutter gepetzt, dass
»Papa wieder gearbeitet« hat. Seine Frau war außer
sich und hat mit Scheidung gedroht. »Sie versteht
aber auch gar nichts, sie weiß einfach nicht, wie
wichtig dieses Projekt ist, auch für sie; schließlich
ernähre ich sie alle drei mit meiner Arbeit. Und
wenn ich erfolgreich bin, werden sie alle davon profitieren«, ging es Ulrich durch den Kopf, während
sie schweigend nach Hause fuhren; die Kinder
schliefen auf dem Rücksitz. Heute ist wieder so ein
Sonntag. Die ganze Familie einschließlich Oma
geht durch den Zoo. Ulrich fällt es schwer, sich auf
die Tiere und das Geplapper seiner Söhne zu konzentrieren. »Wenigstens Gedanken lesen kann sie
nicht«, denkt Ulrich mit Blick zu seiner Frau, denn
sonst wüsste sie, dass er die ganze Zeit schon wieder bei der Arbeit ist. Oder kann sie's doch?

Ulrich ist ein typischer Fall von Arbeitssucht. Charakteristisch für »Workaholics«, wie man solche Menschen
heute nennt, ist, dass sie stets an die Arbeit denken,
auch dann, wenn sie scheinbar nichts tun. Sie arbeiten

am Wochenende genauso viel wie während der Woche, nehmen Arbeit mit nach Hause und in den Urlaub, sofern sie überhaupt Urlaub machen. Sie haben Schwierigkeiten mit dem Delegieren und dem Neinsagen, sie glauben, dass ohne sie »nichts« gehen würde. Es gefällt ihnen, wenn Arbeitsabläufe von ihrem Arbeitseinsatz abhängig sind und sie unentbehrlich werden. Das Gefühl, gebraucht zu werden, schmeichelt ihnen. Ulrich weist ganz und gar die Merkmale der Arbeitssucht auf.

Arbeitssüchtige glauben, sie müssten ständig beweisen, was sie alles können und wozu sie fähig sind. Stets versuchen sie, Anforderungen mit mehr Einsatz zu erledigen, als überhaupt von ihnen erwartet wird. Alles wollen sie selber machen und nichts abgeben. Sie nehmen sich stets zu viel vor und arbeiten bis zur völligen Erschöpfung. Sich selbst und den Tag beurteilen sie nur nach der Menge der geleisteten bzw. der nicht geleisteten Arbeit. Manche arbeiten gar heimlich und verstecken ihre Arbeit vor anderen, ganz so wie Ulrich das versucht.

»Liebe deine Arbeit und werde glücklich!«

Arbeitssüchtige lieben ihre Arbeit, wie sie immer betonen. Auch wenn diese Form der Arbeit vielen Menschen die Lebensfreude und oft sogar das Leben nimmt. Es hat fast etwas Perverses, Masochistisches.

Arbeitssüchtige sind davon überzeugt, glücklich zu werden, wenn alle Aufgaben erledigt sind. Aber die Arbeit wird niemals fertig, ständig kommen neue Aufgaben hinzu. Solange der Arbeitsprozess andauert, ist das Glück, das aus der Arbeit resultieren soll, stets einen Schritt voraus.

Diane Fassel schreibt in ihrem Buch *Wir arbeiten uns noch zu Tode:*[52] »Wie andere Suchtabhängige auch leben Workaholics mit der Verleugnung. Sie sind unehrlich, kontrollierend, voller Urteile, perfektionistisch, ichbezogen, widersprüchlich in ihrem Denken, verwirrt, krisenorientiert und letzten Endes spirituell bankrott. ... Die Wirkung der Arbeitssucht zeigt sich in einem immer besesseneren Verhalten in Bezug auf die Arbeit. Diese Zwanghaftigkeit übersteigt nach und nach jedes Maß und im Verlauf dieses Prozesses verliert der Arbeitssüchtige den Kontakt zur Gegenwart. Für Arbeitssüchtige gilt in ganz besonderem Maße, dass sie aus dem Leben ›wegtauchen‹. Sie sind ihrem eigenen Körper ebenso entfremdet wie ihren Gefühlen, ihrer Familie und ihren Freunden. Der Zwang zur Arbeit hat sie im Griff und sie sind dessen Sklave. Ihr Leben gehört nicht mehr ihnen selbst.«

Am Beispiel Ulrich sind diese Symptome deutlich zu sehen. Er glaubt, seine Mitarbeiter kontrollieren zu müssen, weil er ihnen nicht traut. Seine Widersprüchlichkeit zeigt sich u. a. darin, dass er an sich zweifelt, sich aber gleichzeitig für den Besten hält. Ulrich beschäftigt sich mit nichts anderem mehr als mit seiner Arbeit und verliert so den Kontakt zu seiner Frau und seinen Kindern, aber auch zu seinem eigenen Leben. Er degradiert sich zum Arbeitstier, beziehungsweise, um es mit Fassel auszudrücken, zum Sklaven seiner Arbeit.

Vielleicht glauben Sie nicht so recht, dass Workaholismus wirklich eine Sucht ist, die anderen Süchten wie dem Alkoholismus oder der Heroinsucht ähnelt. Es ist aber so. Von Sucht spricht man, wenn der Körper auf eine bestimmte Droge reagiert und sich an eine spezielle Substanz dieser Droge gewöhnt. Das bedeutet, dass der Körper bei der Absetzung unter Entzugserscheinungen leidet.[53] Inzwischen weiß man, dass die Arbeitssucht mit einem erhöhten Adrenalinausstoß einhergeht, die Folge, wenn Betroffene sich permanent hart antreiben. Auf diese Weise werden sie süchtig nach Adrenalin. Der Adrenalinüberschuss bewirkt, auch dann weiterarbeiten zu können, wenn der Körper bereits auf Grund von Erschöpfung Schaden nimmt. Die eigene Arbeitsfähigkeit wird permanent überschätzt. Der erhöhte Adrenalinspiegel verhindert Entspannung, selbst Schlaf.[54]

Eine Behandlung der Arbeitssucht ist ausgesprochen schwierig. Denn Workaholics können nicht einfach in eine absolute Abstinenz treten wie etwa Alkoholsüchtige. Sie müssen weiterhin tagtäglich ihr Suchtmittel »Arbeit« konsumieren, wollen sie in der Erfolgsgesellschaft bestehen. Sie haben einen Arbeitsvertrag, sie brauchen am Monatsende das Gehalt. Man kann im Grunde nicht einfach aussteigen. Betroffene müssten also lernen, in der Arbeit nicht den einzigen Lebensinhalt zu sehen. Doch das ist schwierig inmitten einer Gesellschaft, in der der Wert eines Menschen so sehr von der Arbeit abhängig gemacht wird.

Die Versuchung der Droge

Wie bei anderen Süchten auch, spielen Selbstwertprobleme eine Rolle bei Arbeitssucht. Die Betroffenen glauben, dass sie erst viel leisten müssten, um sich ihr Lebensrecht und ihre Existenz zu verdienen. Doch nicht nur der oder die Süchtige glauben dies, die meisten der heutigen Menschen haben sich diese Haltung zur unreflektierten Lebensprämisse gemacht. Die Versuchung, zur Droge »Arbeit« zu greifen, ist deshalb groß. Auch deshalb ist die Beurteilung schwer, wer tatsächlich arbeitssüchtig ist. Daneben erfährt die Arbeitssucht unter allen Suchtformen die höchste gesellschaftliche Akzeptanz. Arbeitssüchtige können oft eine Reihe von Erfolgen vorweisen. Sie fallen nicht unangenehm auf.

Es heißt, viele Unternehmen würden heutzutage von ihren Angestellten einen Arbeitseinsatz erwarten, der dem eines Arbeitssüchtigen entspricht. Das stimmt nur bedingt: Die Unternehmen können nur so lange jemandem abverlangen, sich ständig zu überarbeiten, wie die betroffenen Personen mitspielen. Doch wer weigert sich schon? Schließlich wollen alle erfolgreich sein, wollen um jeden Preis Stelle und Position sichern. So gerät man schließlich in die Arbeitssucht.

»Arbeite so lange, bis du nicht(s) mehr kannst!«

Arbeitssüchtige suchen Anerkennung durch Arbeit. Sie glauben, je mehr sie leisten, umso mehr würden sie etwas gelten. Aber das trifft nicht generell zu. Je mehr sie arbeiten, umso mehr zweifeln sie an sich, weil ihnen selbstverständlich Kraft und Ideen ausgehen. Sie können sich nicht mehr richtig einschätzen und haben Angst, jemand könnte erkennen, dass sie gar nicht so gut und in gewisser Hinsicht sogar unfähig sind. Wer zu viel arbeitet, hat irgendwann keine Kraft, aber auch keine Zeit mehr, um neue und kreative Ideen hervorzubringen. Schließlich bestätigt sich die eigene Angst. Der befürchtete Untergang kommt einer sich selbst erfüllenden Prophezeiung gleich.

Es ist bekannt, dass Arbeitssüchtige langfristig für ein Unternehmen zu einem personalwirtschaftlichen Problem werden.[55] Wer zu viel arbeitet, macht Fehler. Wer sich unentbehrlich macht und nicht zum Delegieren bereit oder fähig ist, fördert die jüngeren Mitarbeiter/innen eines Unternehmens nicht. Psycholog/inn/en und

Arbeitsmediziner/innen weisen auf die Gesundheitsge-fahren hin, wenn der Körper ständig zu Höchstleistungen angetrieben ist und keine Chance zur Regeneration erhält. Starke Erschöpfungsgefühle bis hin zu Herzinfarkt und chronische Magengeschwüre können die Folge sein. In aller Regel werden solche Erkrankungen jedoch nur symptombezogen mit Medikamenten behandelt. Die eigentliche Ursache bleibt verdeckt.

Arbeitssüchtige verlangen sich sehr viel ab und stehen deshalb oft am Rande der Verzweiflung. Sie haben Angst, die nötige Disziplin nicht aufzubringen, die Menge der Arbeit nicht zu schaffen. In solchen Situationen sehnen sie sich danach, sich gehen lassen zu können. Aber sie könnten es gar nicht mit sich vereinbaren, zu etwas Nein zu sagen, aus Furcht, sie würden ihr Gesicht verlieren, als Versager/in gelten und sich ihre Karriere verbauen. Wahrscheinlich würde nichts von alledem eintreten. In meiner Zeitberatung haben mir Klient/inn/en zu ihrer eigenen Überraschung davon berichtet, dass ein offen ausgesprochenes Nein bei Kolleg/inn/en und Vorgesetzten keineswegs auf Zurückweisung gestoßen ist, sondern sie sich dadurch erst Respekt verschafft haben.

Arbeitssucht ist im Kontext unserer Erfolgsgesellschaft zu sehen. Es ist kein Zufall, dass dieses Phänomen heute weit verbreitet ist. Viele glauben, sich ihre Lebensberechtigung und ihre Selbstverwirklichung aus dem beruflichen Erfolg und einen hohen Arbeitseinsatz holen zu müssen, wie wir schon gesehen haben. Ein Ausstieg aus der Arbeitssucht gelingt gewöhnlich nicht ohne Hilfe von außen, sei es durch eine der inzwischen vielerorts anzutreffenden Selbsthilfegruppen oder durch psychologische Beratung und Therapie.

Ein bisschen Hilfe

Streben nach Erfolg und Karriere um der eigenen Selbstverwirklichung willen, verbunden mit einem geringen
Selbstwertgefühl, kann ausgesprochen fatale Folgen
haben.

Anna-Maria weiß auch nicht, warum sie immer
so undiszipliniert ist, wie sie selbst es ausdrückt.
Anna-Maria ist freie Journalistin und auf Kunst-
geschichte spezialisiert. Sie erhält regelmäßige Aufträge für Zeitungen und Zeitschriften. Ihre Termine plant sie gut. Ihre Artikel beginnt sie aber
meist erst auf den letzten Drücker, trotz dauern-
der Selbstermahnung, endlich anzufangen. Bis
jetzt hat sie alles immer rechtzeitig geschafft. Eben
bekommt sie einen Anruf von einer renommierten
Zeitschrift. Sie sei empfohlen worden, wird ihr erklärt. Es gäbe ein Projekt, wozu sie einen Beitrag
bräuchten, allerdings schon bis nächste Woche
Freitag. Anna-Maria ist begeistert und sagt sofort zu. »Kein Problem«, strotzt sie voller Selbstbewusstsein. Nachdem sie den Hörer aufgelegt hat,
schlägt die Euphorie in Panik um. Ihr Herz klopft.
Heute ist zwar erst Donnerstag und sie hat noch
acht Tage Zeit. Sie wird einiges recherchieren müssen für diesen Artikel, das wird Zeit brauchen. Was
ihr wirklich Kopfzerbrechen macht, sind die anderen Aufträge, die ebenfalls nächste Woche fertig
sein müssen; einer bis Montag, zwei bis Mittwoch,
ein weiterer bis Donnerstag. Zugegeben, es sind alles »kleine Fische« und Anna-Maria hat bereits das
meiste Material beisammen. Aber jetzt auch noch
dieser wichtige Auftrag! – »Ich muss jede Nacht

durcharbeiten«, geht es Anna-Maria durch den Kopf. Sie ärgert sich, weil sie die anderen Aufträge so lange hatte liegen lassen, sie könnten schon längst fertig sein. Ob sie was verschieben kann? »Nein, auf keinen Fall«, erkennt Anna-Maria, »dann bin ich weitere Aufträge ein für alle Mal los.« Und das kann sie sich rein finanziell nicht leisten. Wieder denkt sie an den Renommeeauftrag und der beflügelt sie doch sehr. Er wird ihr zum großen »Durchbruch« verhelfen, da ist Anna-Maria sich sicher. Anna-Maria ist so aufgeregt und verzweifelt zugleich, dass sie jetzt gar nicht anfangen kann zu arbeiten. Sie ruft Hilda an, auch eine freie Journalistin, jedoch nicht in der Kunst tätig und somit keine Konkurrentin, die ihr diesen Erfolg neiden könnte. Hilda ist fast so etwas wie eine Freundin. »Stell dir vor, wer mich eben angerufen hat ...«, fängt Anna-Maria an, von der großen Überraschung zu berichten. Nachdem Anna-Maria auch von ihren Ängsten erzählt, nicht alles zu schaffen, rät Hilda prompt zu Captagon. Damit würde Anna-Maria bestimmt alles gelingen, sie würde unendliche Energien freisetzen. »... und hinterher kannst du's ja wieder absetzen«, so Hilda. »Meinst du wirklich?«, fragt Anna-Maria etwas zögerlich. Sie hat gehört, solche Mittel würden abhängig machen. Hilda beschwichtigt sie: »Du musst halt aufpassen, dass du es nicht zu lange nimmst.« Hilda selbst hat Captagon noch nicht ausprobiert, doch sie kennt Kollegen, die es nehmen, »und die schaffen ziemlich viel«, so Hilda. Anna-Maria ist noch unschlüssig. Doch weil morgen bereits Freitag ist, wird sie in jedem Fall zum Arzt gehen und es sich verschreiben lassen. Dann kann sie ja immer noch entscheiden, ob sie es nimmt, je nachdem wie gut oder schlecht sie vorankommt, entscheidet sich Anna-Maria. Schon am gleichen Tag schluckt Anna-Maria die erste Tablette.

Dies illustriert die Vorgeschichte zu einem Fehltritt, der Karriereorientierte in eine ausgesprochen verfängliche Sucht führt: in die Abhängigkeit von Medikamenten, die für die, die es mit allen Mitteln zu etwas bringen wollen, entwickelt wurden.

Anna-Marias Verhalten erscheint zunächst verständlich. Sie erhält einen speziellen Auftrag, der ihr den beruflichen »Durchbruch« verspricht. Sofort nimmt sie das Angebot an und sagt einen Termin zu, der realistisch betrachtet gar nicht einzuhalten ist. Sie denkt im ersten Augenblick nicht daran, dass sie andere Aufgaben ebenso termingerecht zu erledigen hat, und sie versucht im Gespräch nicht herauszufinden, ob der Artikel wirklich bis nächste Woche Freitag fertig sein muss. Sobald Anna-Maria dieses Terminchaos klar wird, kommt Panik und Verzweiflung bei ihr auf. »Es muss gehen«, sagt sie sich. Einen Rückzieher zu machen würde die ganze Karriere ruinieren, glaubt sie. Zwar würde ein Rückzieher keineswegs weitere Karrieremöglichkeiten zu einem anderen Zeitpunkt ausschließen, aber daran denkt heute kaum jemand, auch nicht Anna-Maria.

Vielen ergeht es wie Anna-Maria. In der vermeintlichen Auswegslosigkeit der Situation rät eine »Freundin« oder ein »Freund« (an dieser Bezeichnung sollte man in solchen Fällen sehr zweifeln), sich Captagon oder ein anderes Aufputschmittel verschreiben zu lassen. Und man ist offen für solche Ratschläge, selbst dann, wenn man weiß, dass solche Mittel süchtig machen. Jeder glaubt doch, das Medikament nur einmal zu nehmen, danach, wenn alles erledigt ist und der Erfolg sich eingestellt hat, wäre das Medikament wieder vergessen. Alles eben nur ein Notfall.

Der Griff zur Tablette beschert unendliche Leistungsfähigkeit, es kann durchgearbeitet und auf Schlaf verzichtet werden. Das Doppelte wird geschafft und alle Zusagen werden eingehalten. Der Erfolg, zumindest der des Medikamentes, stellt sich ein.

Gewöhnlich versucht man anschließend tatsächlich, das Mittel abzusetzen. Doch dann passiert etwas, mit dem niemand gerechnet hatte: Der Körper ist so erschöpft, dass an ein »normales« Weiterarbeiten nicht mehr zu denken ist. Im Erfolgsleben stehende Menschen können es sich allerdings nicht leisten, sich tage- und vielleicht wochenlang ihrer Erschöpfung hinzugeben und darauf zu warten, bis sich der Körper regeneriert hat. Und so nehmen sie das Aufputschmittel weiter, in dem Irrglauben, später, wann immer das auch sei, damit aufzuhören. Das Verhängnisvolle dabei ist, dass die Dosis bald erhöht werden muss, weil der Körper immer mehr von der Substanz braucht, die ihn wach hält.

Eine der »Nebenwirkungen« von Aufputschmitteln besteht darin, dass Körper und Geist auf Grund der vielen »Wachheit« nicht mehr zum Schlafen fähig sind. Schlaflosigkeit wiederum lässt sich auf Dauer nicht aushalten. Es folgt bald der Griff zu einer Beruhigungs- oder Schlaftablette, um der »Aufgedrehtheit« entgegenzuwirken. Dazu braucht es entsprechend starke Mittel, die, wie auch jeder weiß, die Betroffenen in weitere Abhängigkeit bringen. Der Teufelskreis der Medikamentensucht schließt sich. Ein Ausstieg erweist sich als äußerst schwierig und gelingt gewöhnlich ohne fachliche Betreuung nicht.

Erstaunlich eigentlich ist die Tatsache, dass solche Medikamente überhaupt hergestellt werden. Captagon unterliegt inzwischen dem Betäubungsmittelgesetz und ist deshalb heute wahrscheinlich auf dem Schwarzmarkt leichter zu erhalten als von einem Arzt. Aber es wird immer noch hergestellt. Und Ärzte scheuen nicht davor zurück, Aufputsch- und starke Schlafmittel zu verschreiben, obwohl sie die Risiken solcher Medikamente kennen sollten. Dabei ist nicht zu vergessen, dass zumindest der finanzielle Erfolg von Drogenkartellen und Dealern, sprich Pharmafirmen und Ärzten, von medikamentösen Abhängigkeiten unterstützt wird und so zum nationalen Wirtschaftswachstum beiträgt. Es lebe die Erfolgsgesellschaft!

Die Alkoholikerkarriere

Wilhelm sitzt in der Morgenmaschine nach Berlin. Ein unangenehmes Gespräch mit den Produktionsleuten der Firma Pfuscher steht Wilhelm bevor. »Ich werde mich von denen nicht kleinkriegen lassen«, hat er sich fest vorgenommen. Die Stewardess fährt gerade mit dem Servierwagen durch und bietet Getränke an. Wilhelm beobachtet, wie mehrere der Fluggäste Sekt oder ein Bier trinken. 8 Uhr 30 ist es. »Ja, warum eigentlich nicht«, denkt sich Wilhelm, »so ein kleiner Sekt würde mir auch gut tun«, und lässt sich auf das Klapptischchen vor seinem Sitz einen Piccolo hinstellen. »Ahhh«, würde er am liebsten nach dem ersten Schluck ausrufen; Wilhelm fühlt sich sofort etwas frischer, auch stärker, so kommt es ihm zumindest vor.
Ein paar Stunden später: Mittagessen in einem teuren Restaurant. »Die Pfuscherleute lassen es sich etwas kosten, mich zu versöhnen«, stellt Wil-

helm mit Genugtuung fest. Was er als Aperitif möchte, wird er gefragt. Wilhelm bestellt Gin Tonic. Zum Essen trinkt er Wein. Abschließend einen Kognak zur Verdauung.

Um 16 Uhr 10 sitzt Wilhelm erneut im Flugzeug, auf dem Weg nach Helsinki. »Jetzt brauch ich erst einmal ein Bierchen«, beschließt Wilhelm und weil ihm das so gut bekommt, bestellt er sich bald darauf ein zweites.

Früher Abend. Wilhelm ist gerade in seinem Hotelzimmer angekommen. In zwanzig Minuten werden ihn die Herren Kankunen und Vejalainen zum Abendessen abholen. Wilhelm überbrückt die Zeit des Wartens mit einem Whisky aus der Minibar. Die finnischen Herren laden ihn zum Fischessen ein. Dazu passt Weißwein ausgezeichnet; Wilhelm trinkt gern Wein. »Die Verhandlungen laufen gut«, denkt Wilhelm und fühlt sich regelrecht beschwingt. Herr Kankunen bringt ihn zurück zum Hotel, dort wollen beide noch einen Drink an der Hotelbar zu sich nehmen. Wodka mit Soda. Zurück auf seinem Zimmer, fällt Wilhelm ein, dass er seine Frau hätte anrufen sollen. »Doch jetzt ist es schon zu spät, sie schläft bestimmt schon«, geht es Wilhelm durch den mittlerweile etwas schweren Kopf. Wilhelm weiß nicht, dass seine Frau noch vor dem Fernseher sitzt, eine leere Rotweinflasche vor sich.

Regelmäßiges Trinken führt in die Abhängigkeit und Sucht. Das weiß inzwischen jeder, doch wollen es die wenigsten wahrhaben. Bei Alkohol, wie bei Medikamenten und anderen Drogen, hält sich jeder für die berühmte Ausnahme und glaubt, immer »kontrolliert« die Droge zu konsumieren. Gerade diejenigen, die dem Alkohol längst verfallen sind, beweisen sich und anderen zwischendurch immer wieder, dass sie ohne Alkohol gut leben können; sie trinken dann eine ganze Woche lang nur Kaffee und Mineralwasser und erzählen jedem von ihrer »Leistung«. Nur wenige sind bereit, zuzugeben, dass sie Alkoholprobleme haben, meist nur jene, die sich bewusst zum Entzug und zur begleitenden Betreuung durch Selbsthilfegruppen wie die Anonymen Alkoholiker entschlossen haben.

»Dummheit frisst, Intelligenz säuft«

Unsere Gesellschaft, und nicht nur die unsere, ist charakterisiert von festen Trinkgewohnheiten und Trinksitten. Zu einem gemütlichen Zusammensein gehört das »soziale Trinken«, das gilt privat wie beruflich. Für Alkohol wird heftig geworben. Im Fernsehen wird gezeigt, was jemand bei welchen Anlässen zu trinken hat. »Dummheit frisst und Intelligenz trinkt«, ist ein Spruch, der in »gehobenen« Alkoholikerkreisen oft zu hören ist.

Gerade in der Welt der Erfolgreichen gibt es viele Anlässe, zu denen Alkohol scheinbar unabdingbar gehört. Geschäftsessen, Besuche von »wichtigen« Kunden, Empfänge, auf denen ein neues Produkt vorgestellt wird, Einladungen zu Partys – stets wird getrunken. Auch das Trinken scheint die erfolgreichen Persönlichkeiten auszuzeichnen.

Einen langjährig gereiften Whisky zur Entspannung, einen Aperitif als Appetitanreger, einen guten Wein zum Essen, einen edlen Kognak hinterher, der »Kenner« zeigt sich auch beim Alkohol. Was wäre eine Weihnachtsfeier ohne Glühwein, ein Betriebsausflug zum Oktoberfest, wo dann nur Fanta getrunken wird – unvorstellbar. Besondere Ereignisse müssen gefeiert und »begossen« werden – mit Alkohol.

Medizinisch gesehen ist Alkohol ein Gift, das im Körper Schaden anrichtet, vor allem wenn es in größeren Mengen zu sich genommen wird. Alkohol belastet die Leber, erweitert die Blutgefäße, reizt den Magen, um nur einiges zu nennen, er zerstört Gehirnzellen, die sich im Gegensatz zu anderen Körperzellen nicht mehr regenerieren.

Psychisch zeigt Alkohol ebenfalls Wirkung. Die Welt wirkt unter dem Einfluss des Alkohols rosiger. Alkohol erleichtert den Kontakt, macht redselig, Trinkende empfinden sich als einfallsreich, geistreich, humorvoll und witzig. Je nach Dosis hat Alkohol eine anregende oder beruhigende Wirkung. Auch erhöht Alkohol die Bereitschaft, neue, ungewöhnliche Dinge auszuprobieren. Wenn etwas misslingt, lässt man sich davon unter Alkohol nicht so schnell entmutigen wie im nüchternen Zustand. Eine bedenkliche Tatsache, wenn man sich vor Augen führt, wie viele Geschäftsverhandlungen, Entscheidungen und Vertragsabschlüsse beim Business Dinner mit anschließenden Ausflügen in Bars, Nightclubs und anderen Etablissements getroffen werden.

Gerade die psychischen Wirkungen des Alkohols verleiten dazu, Ärger, Konflikte, Missstimmungen »hinunterspülen« zu wollen. Zu Beginn dieses Jahrhunderts hieß es noch: »Wer Sorgen hat, hat auch Likör.« Am Beginn eines neuen Jahrtausends hat sich daran nichts geändert, nur greift man heute nicht mehr zum Likör, sondern zu härteren Sachen. Der ständige Leistungsdruck, die Angst vor dem eigenen Versagen, Stress, zu wenig zwischenmenschliche Kommunikation und ein allgemeiner Lebensüberdruss erleichtern den Griff zur Flasche. Mit der Wirkung des Alkohols sind die Probleme weniger stark zu spüren. Sie scheinen unter Alkoholeinfluss zu verschwinden oder lösbarer zu werden. Am nächsten Tag sind sie allerdings wieder da – schlimmer als zuvor, weil Probleme im verkaterten Zustand als bedrohlicher wahrgenommen werden. Also erneut etwas in sich »hineinkippen«. Der Griff zum Alkohol führt in eine Scheinwelt, mit dem Trugschluss, alle Sorgen und Nöte scheinbar besser bewältigen zu können. Das Leben, das ohne Alkohol schön sein kann, wird zur Qual.

Der Druck der Gemeinschaft

Menschen, die es geschafft haben, sich dem Alkohol zu entziehen, sind zu bewundern. Wie sie wird kaum jemand anderer ständig Proben und Verführungen ausgesetzt, zum Suchtmittel zurückzukommen. Gehen Sie auf eine Party und versuchen Sie jeglichen Alkohol abzulehnen! Sie werden feststellen, wie hartnäckig Sie sein müssen, um der Versuchung zu widerstehen. Je später der Abend und je mehr die anderen getrunken haben, umso mehr wird man Sie bedrängen und es kaum verstehen, wie jemand gar nichts trinken kann. Schließlich wird man Sie seltsam, spießig und langweilig finden. Es erfordert eine ausgesprochen starke Willenskraft und ein gut gefestigtes Selbstbewusstsein, nicht doch zum Glas zu greifen.

Während sich Politiker hartnäckig darum bemühen, die Droge Haschisch nicht freizugeben, tun sie gegen den freien Zugang zum Alkohol nichts, aber auch gar nichts. Trinken doch die meisten von ihnen selbst. Unlängst sah ich einen Fernsehbeitrag, in dem es darum ging, dass die Stadt München so genannte Drogenstuben einführen wolle, in denen die Fixer sauberes Spritzenbesteck bekommen und sich ihren Schuss in aller Ruhe setzen können. Heftigste Gegenreaktionen kamen dazu von Seiten bekannter bayerischer Politiker, und zwar inmitten einer weit größeren Drogenstube: im Bierzelt. Jeder Kommentar dazu erübrigt sich.

Beim Alkohol sind die Politiker recht freizügig; stammt doch eine beträchtliche Summe an Steuereinnahmen aus dem Alkoholkonsum. Vielleicht fällt dem Gesundheitsministerium für das Alkoholproblem aber auch eine ähnlich schizophrene Lösung wie beim Nikotin ein, wo bei jeder Tabakwerbung der bekannte Hinweis erscheinen muss: »Die EG-Gesundheitsminister: Rauchen gefährdet die Gesundheit.«

Wer aus der Sucht aussteigen will, schafft dies meist nicht ohne Hilfe von außen. Ob Arbeitssucht, Medikamentensucht oder Alkoholmissbrauch – vielerorts gibt es entsprechende Selbsthilfegruppen. Die Adressen sind über Drogenberatungsstellen zu erfahren, die auch über stationäre und ambulante Entzugsbehandlungen sowie Psychotherapieformen informieren. Wer süchtig ist und das, was er bisher im Leben erreicht hat, bewahren und erhalten will, sollte sich auf jeden Fall über Hilfsangebote informieren.

Die bewusste Frage: »Wie wichtig ist es mir, von meiner Sucht loszukommen?« wird Ihnen vielleicht helfen, das Suchtproblem anzugehen, sofern Sie es wirklich wollen – eine Voraussetzung, die zum Erfolg der Behandlung unerlässlich ist. In diesem Fall kommt also dem »Erfolg« eine wirklich ausgesprochen positive Bedeutung zu.

Kapitel 9

Die Erfolgsgesellschaft ohne Ende?

Fragen Sie sich bereits, warum eigentlich alle nach Erfolg streben, wenn er doch nur mühsam zu erreichen ist, so viele Widersprüche bereithält, im Allgemeinen Stress beschert, die Gesundheit gefährdet, zum Suchtverhalten führen kann und schlussendlich das Leben mit zunehmendem Erfolg nicht unbedingt schöner wird? Oder reichen Ihnen die Ausführungen über die negativen Seiten des Erfolgs und sind Sie der Meinung, dass es keinesfalls so schlimm kommen muss und es normal ist, dass einem der Erfolg nicht geschenkt wird? Finden Sie auch, dass es normal ist, hart zu arbeiten und nach Erfolg zu streben?

So viel Arbeit – ist das normal?

Die Geschichte der Menschheit zeigt, dass »Normalität« sich wandelt. Sie wird bestimmt von den jeweiligen

Einstellungen, die eine Kultur, eine Gesellschaft als wertvoll und richtig ansieht. Daraus resultieren bestimmte »Normen«, das heißt Regeln, die uns sagen, wie wir uns zu verhalten haben, um nicht aus dem »Rahmen« zu fallen. Und dies ist dauernden Veränderungen unterworfen.

Noch vor 30 Jahren war eine Berufstätigkeit für eine Frau und Mutter aus der Mittelschicht keineswegs üblich. Heute hingegen ist es eher auffällig, wenn sie keinen Beruf ausübt und lieber Hausfrau ist. Beschloss jemand »Hausmann« zu werden, galt dies vor zehn Jahren als anormal, heutzutage zollt man solchen Männern ansatzweise Bewunderung.

Als normal gilt, wenn Männer und Frauen in ihrem Leben auf Erfolg aus sind. Wird ein Karriereangebot bewusst mit der Begründung ausgeschlagen, am Erfolg kein Interesse zu haben, betrachtet man dies als außerordentlich unvernünftig. Solche Menschen irritieren. Sie passen nicht so recht in diese Welt, die von allen erwartet, dass sie es im Leben zu »etwas« bringen.

Immer wieder verspüre ich meinen Wunsch, nicht mehr arbeiten zu müssen und lediglich den einfachen Dingen des Haushalts, dem Faulenzen und dem genießerischen Nichtstun nachzugehen. Wenn ich aber davon erzähle, werde ich nur belächelt, von Frauen und Männern gleichermaßen. Sie glauben, dass ich, die ich doch scheinbar so zielstrebig meiner Karriere nachgehe, lediglich kokettiere. Wenn sie erkennen, dass es mir mit diesen Vorstellungen aber ernst ist, verändert sich ihr Gesichtsausdruck. Ich kann sehen, wie befremdlich ich plötzlich auf sie wirke. Mit ernstem Ton weisen sie mich darauf hin, dass ich mir das alles viel schöner vorstelle, als es tatsächlich sein würde. Ich habe kaum jemanden getroffen, der meinen Vorstellungen, meinem Ansinnen zugestimmt hätte. Ganz offensichtlich gibt es für all diese Menschen nichts Schöneres, als zu arbeiten. Mein Wunsch entspricht leider keineswegs der »Normalität«. Auch dieses Buch entspricht (noch) nicht der Normalität, denn es ist ein Anti-Erfolgsbuch. Die Reaktionen derer, denen ich vom Entstehen dieses Buches erzählte, waren für mich ausgesprochen amüsant: »Aber Sie sind doch so erfolgreich!?«, meinte ein früherer Kollege absolut verblüfft. »Ja – was soll man denn dann machen?« oder »Was? Ausgerechnet Du?!«, waren die spontanen Antworten. Stottern, starr werdende Gesichter, die Irritation zeigten, oder Gesichter voll absolutem Unverständnis – manche fühlten sich ertappt in der Unsinnigkeit ihrer Erfolgsanstrengungen, sie verteidigten sich: sie stimmten meinen Überlegungen zunächst zu und erzählten dann, dass sie selbst gar nicht so viel arbeiten würden. Aber ich kenne sie gut, ich weiß, dass dies nicht stimmt. Ihr Leben dreht sich ausschließlich um den Erfolg. Sie arbeiten unentwegt und haben kaum wirkliche Freunde oder nur viele oberflächliche Bekanntschaften. Andere reagierten gar ausgesprochen feindselig mir gegenüber; sie fühlten sich persönlich angegriffen, obwohl ich lediglich allgemein davon sprach, was unsere Erfolgsgesellschaft für den Menschen bedeutet; anders würde das Leben einfach nicht funktionieren, klärten sie mich herablassend auf. Wieder andere drehten den Spieß um und meinten, meine Überlegungen stimmten sie sehr bedenklich, was meine Person betreffe, und warnten mich regelrecht: Ich solle aufpassen, in was ich mich mit solchen Überlegungen hineinbegebe. Offensichtlich befürchteten sie, ich könnte auf mein eigenes Buch hin eindeutig weniger arbeiten und nicht mehr auf meine Karriere bedacht sein; der Gedanke, dass das gut für mich wäre, kam ihnen dabei nicht in den Sinn. Nur solche, die unfreiwillig gerade nicht berufstätig oder mit ihrem Arbeitsplatz ausgesprochen unzufrieden waren, oder diejenigen, die bereits mit der Problematik des Erfolgsstrebens befasst waren, reagierten mit Interesse auf mein Vorhaben und meinten, so ein Buch sofort zu kaufen.

Arbeit ist eine Strafe

Das gegenwärtige Streben nach Erfolg sowie die hohe Wertschätzung der Arbeit war keineswegs zu allen Zeiten so »normal«, wie es heute scheint. Die innere Ausrichtung auf Erfolg hat sich im Lauf der Geschichte entwickelt. Dieser Prozess ist weiterhin im Gange und neue Einstellungen zur Arbeit und zum Erfolg sind mit Sicherheit zu erwarten.

Im Alten Testament ist Arbeit eine Strafe, die dem Menschen für den Sündenfall aufgebürdet wurde. Für die alten Griechen war Arbeit eine lästige Notwendigkeit, die sie den Sklaven überließen. Für sie waren ausschließlich Bildung und Muße die höchsten Güter. Manuelle Arbeit war verpönt. Von jemandem Geld für geleistete Dienste zu erhalten, wurde regelrecht mit Ekel betrachtet – eine Haltung, von der heutzutage nichts mehr zu spüren ist.[56]

Bis ins späte Mittelalter war Arbeit negativ besetzt. Sie wurde als etwas Unterwürfiges verstanden und sollte nur vom »einfachen Volk« geleistet werden. Für den Adel kam Arbeit nicht in Frage. Lediglich in den Klöstern schätzte man Arbeit als religiöse Pflicht, mit der sich die Verehrung Gottes zum Ausdruck bringen ließ.

Als die Kirche immer reicher und politisch mächtiger wurde, vereinte sie ihre Interessen mit denen des Adels und nicht mit den Bedürfnissen der arbeitenden Bevölkerung. Im weiteren Verlauf kam die Kirche weit vom Weg des einfachen religiösen Lebens ab und entwickelte sich zu einer durch und durch korrupten Institution.

Religiöse Reformer wie Martin Luther und Johann Calvin reagierten mit Protest darauf, der zur protestantischen Reformation führte. Sie kritisierten die sich bereichernden Kirchenherren und belebten die Idee wieder, dass Arbeit eine religiöse Pflicht sei, mit der man sich das Leben und das Seelenheil erst verdienen müsse. Mit dem wohl gemeinten Versuch, die damaligen gesellschaftlichen Missstände zu bekämpfen, trugen die Nachfolger der protestantischen Bewegung zu einer Wende im Arbeitsverständnis bei, die zu unserem heutigen Elend mit der Arbeit und dem Erfolg führte.

Wider die Faulheit

Mit Blick auf das Jüngste Gericht und in eindringlichem Ton wiesen die Moralapostel des 18. Jahrhunderts in ihren Fleißpredigten auf die Kürze des Lebens und die Sterblichkeit hin und sicherten sich so die Aufmerksamkeit ihrer Zuhörer/innen. Faulheit, Bequemlichkeit und Vergnügungen galten als Ausdruck von Sünde und Verführungen des Teufels. Immer wieder wurden Geschichten erzählt von Menschen, die sich ihres Lebensglücks durch Faulheit beraubt hätten. Daran hat sich bis heute nicht viel geändert. In den Ratgeberbüchern zum Erfolg lesen wir stets das Versprechen, dass hoher Arbeitseinsatz einem Glück bescheren würde. Zwar denkt dabei heute keiner mehr ans Jenseits, stattdessen dreht sich alles um ein glückliches Leben im zukünftigen Diesseits, wann immer das auch eintreten möge.

Aus diesem Kontext heraus entstanden übrigens in England die ersten Armenschulen. Von klein auf sollten die Kinder von Faulheit und sinnlosen Spielen abgehalten und stattdessen an Pünktlichkeit, Regelmäßigkeit und einen »sparsamen« Umgang mit der Zeit gewöhnt werden. Der englische Moralist William Temple plädierte 1770 dafür, arme Kinder im Alter von vier Jahren in die Arbeitshäuser zu schicken, in denen sie auch Schulunterricht erhalten sollten:

»Es ist sehr nützlich, dass sie auf irgendwelche Art ständig beschäftigt werden, wenigstens zwölf Stunden am Tag ... denn wir hoffen, dass sich auf diese Weise die heranwachsende Generation so sehr an ständige Beschäftigung gewöhnen wird, dass sie diese zuletzt als angenehm und unterhaltend empfindet.«[57]

Im Alter von sechs oder sieben sollte dem Kind »Arbeit und Anstrengung zur Gewohnheit, wenn nicht zur zweiten Natur werden«, so Temple. Wir mögen den Kopf schütteln, wenn wir solche Zeilen lesen. Doch unsere Kinder sind längst in ein festes Zeitkorsett eingebunden. Neben der Schule, umfangreichen Hausaufgaben und Nachhilfeunterricht haben sie ein volles Programm, müssen zum Sport, zum Ballett, Musikunterricht, Kindertöpfern etc. Dahinter steht die Einstellung, dass auch Kinder ihre Zeit sinnvoll nutzen sollen, damit sie es im Leben zu etwas bringen. In Amerika ist es keine Seltenheit, Kindern bereits morgens vor der Schule eine solche »Freizeitstunde« zu geben, um die vielen Aktivitäten im Tagesablauf überhaupt unterzubringen. Kinder wie Erwachsene sind inzwischen so sehr an ein ständiges Beschäftigtsein gewöhnt, dass sie sofort Langeweile empfinden, wenn sie einmal nichts zu tun haben. William Temple müsste seine wahre Freude haben, wenn er wüsste, wie sehr Arbeit und Beschäftigung uns heute längst zur »zweiten Natur«, wenn nicht gar zur »ersten«, geworden sind.

Harte Arbeit – und der Erfolg

Ich sitze im Wohnzimmer eines Ferienhauses. An der Wand hängen unzählige kleine Holztäfelchen mit verschnörkelten Aufschriften. Ich mag so etwas nicht, es entspricht nicht meinem Stil. Und doch muss ich sie unweigerlich lesen. *»Lasst uns mit neuer Kraft und frischem Mut der Arbeit aus dem Wege gehen«*, steht auf einem, das in der Mitte hängt. Rechts oben heißt es: *»Bete und arbeite und sei nicht faul, zahl fleißig Steuern und halts Maul.«* An der linken Wandhälfte hängen: *»Mit Arbeit versaut man sich den ganzen Tag«*, und *»Wer nicht arbeitet, soll wenigstens gut essen«*. Schließlich lese ich: *»Die Klugen leben von den Dummen, die Dummen leben von der Arbeit.«* So, nun wissen wir es. Die Frau, der das Haus gehört, hat ihr Leben lang gearbeitet, ihr Mann ebenso. Mit fünfzig Jahren verstarb er völlig unerwartet an einem Herzinfarkt. Einen Direktorenposten hatte er inne in einem Ministerium.

Was hat die Frau wohl bewegt, solche Sprüche an die Wand zu hängen? Aus ihrem Tun lese ich Enttäuschung heraus. Enttäuschung über das Leben, das für die Frau sicher nicht so verlaufen ist, wie sie es sich im Hinblick auf einen gemeinsamen Lebensabend mit ihrem Mann vorgestellt hat. Wut auf die Arbeit lese ich ebenfalls heraus; eine verständliche Wut, hat doch all die Arbeit nicht die Versprechungen eingelöst, die mit ihr gewöhnlich verbunden werden. Mit den Sprüchen auf den Täfelchen wird das »protestantische Arbeitsethos«, so benannt nach dem Soziologen Max Weber,[58] herausgefordert. Sie muten fast frevelhaft an für all jene, die die ursprüngliche Fassung dieser Sprüche mit ihren moralisierenden Botschaften verinnerlicht haben. Viele haben von klein auf eingetrichtert bekommen, dass es gut sei, hart zu arbeiten, ob von Eltern, Lehrern, Schullesebüchern oder Pfarrern.

Das protestantische Arbeitsethos fordert dazu auf, stolz auf seine Arbeit zu sein. Wem Status, Ansehen und Respekt auf Grund erbrachter Arbeitsleistungen gebührt, galt als ein »guter« Mensch. Dieses Arbeitsethos hat in der heutigen Zeit seine Vollendung gefunden. Wir sprechen allerdings anstatt vom »guten« vom »erfolgreichen« Menschen. Das Wort »Erfolg«, aus dem neutralen Begriff »erfolgen« kommend, erhielt erst im 17. Jahrhundert seine heutige Bedeutung im Sinne des »Etwas-Erreichens«.

Zwar hat die Kirche weitgehend ihren Einfluss auf das tägliche Leben der einzelnen Menschen eingebüßt, doch die protestantischen Werte leben weiter – weltweit, völlig unabhängig davon, ob man religiös erzogen wurde oder nicht, ob man in Gebieten mit überwiegend katholischer oder einer anderen Konfession lebt.

Eva hat eine protestantische Schule besucht. Sie erzählt: »Uns wurde immer die Frage gestellt: ›Wenn Gott heute kommen würde, würdest du dann in den Himmel eingehen?‹ ... Was ich so schrecklich finde, ist, dass ich mich zwar in so vielen Dingen von der Kirche gelöst habe, aber doch immer wieder in diese alten Muster zurückfalle. Was ich sehr oft mache, ist, dass ich im Auto sitze und denke: ›So, was hast du heute geschafft?‹ Und dann fange ich an, mir aufzuzählen, was ich geschafft habe. Ich weiß, dass es verrückt ist, doch es ist, als ob ich mich beruhigen will. Früher habe ich mich oft hingesetzt und gesagt: ›Jetzt denk mal über das Jahr nach, was hast du geschafft?‹, als ob ich mich gefragt hätte, ob ich berechtigt bin. Ich weiß gar nicht, auf was ich berechtigt sein soll, es ist eine furchtbare Abstraktion, die so über einem schwebt.«

Ich kenne viele Leute, die ständig aufschreiben, was sie gemacht haben. Sie brauchen diese Notizen, um am Ende des Tages, der Woche, des Jahres schwarz auf weiß ihre Leistungen zu sehen und um gewissermaßen Bilanz zu ziehen. Die Ursprungsidee, dass am Tage des Jüngsten Gerichts Rückschau über das Leben abgehalten werden und anhand dieser Bilanz entschieden würde, ob man berechtigt sei, in den Himmel einzugehen, kommt in diesem »Aufschreibeverhalten« nach wie vor zum Ausdruck. An die Stelle des Jüngsten Tages ist heute die Karriere und der Erfolg gerückt.

Eva erzählt weiter: »Ich hatte schon als Kind in der Schule oft das Gefühl, dass ich leide. Aber ich hatte auch das Gefühl, dass das so sein muss. Dass das nicht falsch ist und dass es auch gar nicht aufhören dürfte. ... Heute noch, wenn ich an etwas arbeite, ist unterschwellig immer das Gefühl da: ›Es muss schwierig sein, denn sonst ist es nicht gut.‹«

Es muss schwierig sein. Und wenn es das nicht ist, dann gibt es Mittel und Wege, um es sich schwer zu machen. Der Perfektionismus ist ein hervorragendes Mittel, um an etwas auch dann noch weiterzuarbeiten, wenn es längst gut genug ist. Perfektionismus gibt es im Kleinen wie im Großen; Ersteres bezieht sich auf das »Herumfeilen« an unwichtigen Details, Letzteres auf die Karriere, die immer wieder verbessert werden soll und mit der man sich deshalb nie zufrieden gibt.

»Arbeit macht frei«

Markanter Irrsinn ist die Behauptung: »Arbeit macht frei«. Dieser Spruch stand an Eingangstoren deutscher KZs. Doch dieser Spruch existiert bis zum heutigen Tage. Alle glauben wir, uns über die Arbeit Freiheiten zu verschaffen. Wir streben nach Erfolg, in der Hoffnung, den Zwängen des Arbeitslebens zu entgehen und dadurch neue Freiräume zu gewinnen, nicht nur in Form von Geld, Macht und Status, sondern auch von freier Zeit zum Nichtstun.

Heinrich Bölls »Anekdote zur Senkung der Arbeitsmoral«[59] bringt den Wunsch nach Freiräumen im Zusammenhang mit Erfolg und die Ironie dabei auf den Punkt.

> »Ein Tourist sieht einen Fischer in seinem Boot in der Sonne vor sich hindösen, mit Blick auf das Meer. Der Tourist befragt ihn über seinen Fischfang und der Fischer erzählt begeistert, dass er bereits am Morgen genug für den heutigen Tag, auch für morgen und übermorgen gefangen hat. Dem Touristen leuchtet es nicht ein, warum der Fischer, wenn es doch so viele Fische gibt, nicht noch viel mehr davon fangen will. Er entwirft ein Szenario für den Fischer, malt ihm aus, dass er mit vielen Fischen sich einen Motor, dann einen Kutter, auch zwei, kaufen könnte, bis er schließlich gar eine eigene Fischfabrik eröffnen könnte mit internationalen Handelsbeziehungen – der Tourist gerät in immer mehr Begeisterung über seine Ideen. Der Fischer fragt ihn schließlich, was er denn dann machen solle, wenn er all das erreicht hätte. Dann, so der Tourist, könnte der Fischer beruhigt im Hafen sitzen, in der Sonne dösen und auf das herrliche Meer blicken. Aber das mache er ja jetzt schon, sagt der Fischer mit einiger Verwunderung.«

Die Ideologie des Erfolgs

Der schottische Ökonom Adam Smith (1723–1790) veröffentlichte im Jahre 1776 sein Buch *Der Reichtum der Nationen.*[60] Smith ging davon aus, dass der Mensch von Natur aus egoistisch sei. Darin sah er die natürliche Grundlage einer wirtschaftlich gut funktionierenden Gesellschaft. Smith glaubte, wenn jeder danach strebe, seine eigenen Interessen durchzusetzen, würde auch die Gesellschaft als Ganzes davon profitieren. Der »Eigennutz« als treibende Kraft wurde zum wirtschaftlichen Ordnungsprinzip erklärt. Damit war auch die Idee des »Individualismus« geboren, von dem man glaubte, er würde den Menschen aus den Zwängen der damaligen Gesellschaft befreien. Die Befreiung gelang tatsächlich: Die Zwänge des Feudalsystems, in dem die Plätze in der Gesellschaft durch Geburt und Herkunft vergeben waren, fielen. Gleichzeitig wurde aber nun der Einzelne dem Glauben verpflichtet, dass es an jedem selbst liege, was aus seinem Leben werden würde.

Diese Vorstellung fand vor allem in Amerika ihren Niederschlag. Millionen von Immigranten wurden ins »Land der unbegrenzten Möglichkeiten« gelockt mit der Idee, dass sich jeder vom Tellerwäscher zum Millionär hocharbeiten könnte – der entsprechende Einsatz vorausgesetzt. Die Gesellschaft wurde damit jeglicher Verantwortung für das Wohlergehen des Einzelnen enthoben. Auch heute noch sind viele Amerikaner/innen davon überzeugt, dass in ihrem Land, das in den Armuts- und Obdachlosenzahlen einem Dritte-Welt-Land gleicht, Sozialversorgungsgesetze überflüssig seien, da es doch jedem offen stehe, etwas aus seinem Leben zu machen.

Bis zum heutigen Tag gilt Amerika als »das« Land für all jene, die besonders erfolgreich werden wollen. Auch in Deutschland glauben viele, dass bereits ein Stipendium für ein Studienjahr in Amerika den Weg nach »oben« öffne. Die »Greencard« zu erlangen, ist der »Traum« schlechthin für all diejenigen, die den »wirklichen« Erfolg suchen. Wer es schafft, auf dem amerikanischen Arbeitsmarkt zu bestehen, mit einem Arbeitsvertrag, der jederzeit fristlos gekündigt werden kann, und nur zwölf Tagen Urlaub im Jahr – der bringt es »weit« im Leben, das glauben viele.

Individualismus wird als die Befreiung von Zwängen, Normen und gemeinschaftlichen Abhängigkeiten gesehen. Und doch brachte er neue Formen der Abhängigkeit mit sich: »Einzelkämpfer« sind angewiesen auf den Arbeitsmarkt, auf Konsumangebote, auf sozial- und arbeitsrechtliche Regelungen und Versorgungen, auf Bildung, auf Medizin, bis hin zu psychologischen Beratungs- und Betreuungseinrichtungen, wie der Soziologe Ulrich Beck es in seinem Buch *Die Risikogesellschaft*[61] betont. Es gibt keine Großfamilie oder sonstige Gemeinschaft mehr, die einen beispielsweise in Zeiten der Not auffängt. Der Anstieg der Massenarbeitslosigkeit und die Zunahme der Zahl derjenigen, denen es von vornherein nicht gelingt, ein Beschäftigungsverhältnis einzugehen, wie es sich bei der Jugend- und Akademiker/innenarbeitslosigkeit zeigt, sind zwar von gesellschaftlichen Rahmenbedingungen abhängig, doch sie werden zu persönlichen Einzelschicksalen erklärt.

Weil unser Leben heute nur noch mit Geld möglich ist, das durch Arbeit verdient werden muss, sind wir alle, ob der Arbeiterklasse oder der Mittel- oder Oberschicht zugehörend, zum Arbeiten gezwungen und zu Sklaven der Arbeit geworden. In den Sklavenhaltergesellschaften der Antike wurde die Arbeit von den Unfreien ausgeführt. Die Sklaverei als Gesellschaftssystem ist heute abgeschafft. Was aber geblieben ist, ist der Zwang zur Arbeit, für Leute aus allen Ständen und Schichten. Und Arbeit gibt es mehr denn je zuvor, trotz hoher Arbeitslosenzahlen.

Der Harvardprofessor C. Northcote Parkinson beschreibt in seinem Buch »Parkinsons neues Gesetz«[62], wie wir uns selbst immer mehr Arbeit verschaffen, vor allem bürokratische Papierarbeit, wie Unternehmen sich personell immer mehr aufblähen, wie Arbeitsvorgänge zerlegt werden in viele Zwischenschritte, die keineswegs notwendig wären, mit denen sich aber Leute beschäftigen, auch kontrollieren lassen.

Auf künstliche Weise wird Arbeit produziert und damit auch Geld, mit dem man sich Dinge kaufen kann und muss, damit wieder Geld in den Kreislauf gelangt, so dass man neue Ressourcen kaufen kann, mit denen sich wieder Neues produzieren lässt, das dann wieder verkauft wird. Es kann einem schwindlig dabei werden. Aber so funktioniert leider unser System der Kapitalerwirtschaftung und der freien Marktwirtschaft. Doch Kapitalismus oder das bürokratische Arbeitssystem hat es nicht von jeher gegeben und wir können davon ausgehen, dass dies auch nicht bis in alle Ewigkeit bestehen bleibt.

Noch müssen wir als Gefangene von Geld und Kapital den Reichtum der Nationen vermehren. Im Namen des Erfolgs lassen wir uns ausbeuten, geben wir uns dem Glauben hin, damit das Glück auf Erden zu schaffen – und das Ergebnis ist, wir sind unglücklich und unzufrieden mit uns selbst, unserem Leben, unserem Aussehen, weil wir so überarbeitet und gestresst sind.

Umsteigen – aber wohin?

Selbstverständlich können wir nicht einfach aus der bisherigen gesellschaftlichen Entwicklung aussteigen. Dies ist auch kein Aussteigerbuch. Nein, es soll ein Umsteigerbuch sein. Umsteigen können wir ohne weiteres, und zwar von der Erfolgsgesellschaft hin zu einer Gesellschaft, in der das Leben als solches mehr Bedeutung erhält und sich nicht mehr alles um Arbeit, Erfolg und Karriere dreht. In einer solchen Gesellschaft werden allerdings Menschen gebraucht, die zu Gelassenheit, innerer Ruhe und Ausgeglichenheit fähig und mit einem hohen Selbstvertrauen, einem gesunden Selbstwertgefühl und mit genügend Selbstbehauptungsvermögen ausgestattet sind.

In den Gedankenspielen zu den einzelnen Kapiteln habe ich schon anklingen lassen, wie wir den Weg zum gesellschaftlichen Umstieg bereiten und gestalten könnten. Gehen wir dazu noch einen Schritt weiter.

Gedankenspiel

Stellen Sie sich vor: *Angelika und Alexander sind zwei außerordentlich lebenslustige Menschen. Ihre beiden Söhne, Martin und Felix, acht und zehn Jahre alt, sind begeisterte Fußballfans. Mit ihren Freunden verbringen sie viel Zeit auf dem Sportplatz. Weil Alexander, von Beruf Einzelhandelskaufmann und Ingenieur, nur noch vier Stunden täglich als Produktmanager arbeitet, kann er seine Söhne oft zum Sport begleiten, was die Kinder außerordentlich*

freut. Auch andere Väter treffen sie auf dem Fußball-
feld. Väter und Söhne, auch Töchter, spielen oft ge-
meinsam. Es geht ihnen gar nicht um das Gewin-
nen, sondern um den Spaß, um das Dabeisein und
Miteinandertoben. Angelika ist Ärztin und Psycholo-
gin und arbeitet in einer Gemeinschaftspraxis zwei-
einhalb Tage in der Woche. Auch sie hat viel Zeit für
sich und für die Kinder. Die Familie geht oft ins Kino,
aber sie sitzen auch alle zusammen nur zu Hause
und spielen miteinander. Im Sommer fahren sie ger-
ne zum nahe gelegenen Baggersee und treffen dort
befreundete Familien.

Wenn Angelika und Alexander auf ihr Leben zurück-
blicken, dann stellen sie fest, wie sehr es sich in den
letzten Jahren verändert hat. Die Menschen arbeiten
nur noch wenige Stunden, im Management ebenso
wie im Angestellten- und Arbeiter/innenbereich.
Wer mehr arbeitet, wird schief angesehen. Erstens
weil er dadurch den Arbeitslosen einen Arbeitsplatz
wegnimmt. Zweitens weil er, wie man längst aus
Untersuchungen weiß, mit nur vier Stunden Arbeits-
zeit bessere Leistungen erbringt als mit acht oder
mehr Stunden. Auch ist so jemand weniger häufig
krank, macht weniger Fehler und ist am Arbeits-
platz zufriedener und ausgeglichener, was für die
Kolleg/inn/ en die Zusammenarbeit mit ihm ange-
nehm macht. Überstunden sind verpönt.

In Stellenanzeigen sucht man Leute, die fähig sind,
gelassen und stressfrei ihre Arbeit zu verrichten.
Spezialisten sind kaum noch gefragt, sondern Men-
schen, die mehrfach qualifiziert und deshalb fä-
hig sind, unterschiedlichsten Anforderungen nach-
zukommen. Diese bringen vielseitige Erfahrungen
mit und unterliegen nicht mehr der Weltfremdheit
vormaliger zielstrebiger Karrieremenschen. Denjeni-

gen, die immer noch am Karrieremachen interessiert sind, wird Misstrauen entgegengebracht.

Die Gewerkschaften haben eine Gehaltsanpassung aller Berufssparten durchgesetzt, die allen einen Lebensstandard ermöglicht, der Lebenszufriedenheit garantiert. Die Menschen haben aufgehört, sich ständig Dinge zu kaufen, die sie gar nicht brauchen. Früher hatten Angelika und Alexander oft anstrengende Fernreisen unternommen, die viel Geld kosteten. Diese unternimmt kaum noch einer. Urlaub zu Hause ist »in«. Wer es versteht, sich in der eigenen Umgebung zu erholen, erfährt Bewunderung. Wem das Klima seines Herkunftslandes zu schaffen macht, siedelt um in ein Land, das seinem Naturell mehr entspricht. Nationale Grenzen haben sich aufgelöst, alle sind flexibel und frei bei der Wahl ihrer Wohnorte.

Das Leben ist getragen von einer inneren Harmonie, von einem persönlichen Gefühl der Zufriedenheit, einem inneren Glücklichsein und einer guten Beziehung zu anderen Menschen; es geht darum, andere am eigenen Leben teilhaben zu lassen.

Diese Geschichte ließe sich weiter ausbauen. Haben Sie Lust dazu? Oder meinen Sie, dass es sich doch nicht realisieren lässt? Womöglich würde Ihnen so ein Leben auch gar nicht wirklich gefallen, weil Sie nicht auf Ihr hohes Einkommen, Ihr Prestige und Ihr tägliches Arbeitspensum von mindestens acht bis zehn Stunden verzichten möchten. Vielleicht haben Sie gar keine Kinder und Sie können sich nicht vorstellen, was Sie den ganzen Tag über machen sollten, noch dazu, wenn Sie nicht mehr so viel Geld zum Ausgeben hätten. Doch auch für Sie ließen sich die arbeitsfreien Zeiten ausfüllen, zusammen mit Freundinnen und Freunden, mit

Menschen, mit denen Sie gerne zusammen sind. Weil Sie nur noch wenige Dinge in den Tag »packen« müssten, würde Ihnen die Zeit nicht mehr »davonrennen«, Sie könnten sich einzelnen Beschäftigungen in Ruhe widmen und ganz »da« sein, würden sich an der Gegenwart erfreuen, anstatt sich selbst und Ihrem Leben vorauszueilen und eine stete innere Unruhe in sich zu tragen.

Überzeugt Sie das noch nicht? Es lassen sich auch »handfeste« Argumente anführen, dass solche Lebensveränderungen Sinn machen und möglich sind.

Wir leben in einer so genannten Wohlstandsgesellschaft, in der den meisten Menschen mehr Geld, Bildung, Wissen und Konsumgüter zur Verfügung stehen denn je zuvor. Ulrich Beck spricht allerdings von einem »Fahrstuhl-Effekt«, durch den die Klassengesellschaft lediglich eine Etage höher gefahren, jedoch keineswegs aufgehoben wurde.[63] Gleichzeitig findet eine erschreckende Zunahme sozialer Ungleichheit statt, vor allem auf Grund von Unterbeschäftigung und Dauerarbeitslosigkeit.

Das müsste nicht sein, wenn Politiker/innen, Wirtschaftsfachleute und Gewerkschaften sich ernsthaft des Arbeitslosenproblems annehmen würden. Flexible und reduzierte Arbeitszeitmodelle könnten Abhilfe schaffen. Sie würden nicht nur qualitativ bessere Arbeitsergebnisse erbringen, sondern auch Arbeitsplätze. Bisherige, zaghafte Versuche der Arbeitszeitreduzierung bei gleich bleibendem Gehalt haben, wie vorauszusehen, keine neuen Arbeitsplätze geschaffen, von einigen Modellversuchen vielleicht abgesehen. In keinem Fall reicht es, um die Massenarbeitslosigkeit zu beseitigen.

Noch sind viele in der Industrie beschäftigt. Doch die Industriegesellschaft geht dem Ende zu. Nur noch wenige Menschen werden in Fabriken beschäftigt sein und dort lediglich die Knöpfe von Computern und Roboteranlagen betätigen, die die maschinelle Fertigung übernehmen.[64] Wohin dann mit den vielen Menschen, die ihre Arbeit verlieren werden?

Die Lösung des Arbeitslosenproblems kann nur lauten: Die Arbeit muss umverteilt werden. Neue Arbeitsbereiche werden entstehen, der Dienstleistungssektor wird enorm wachsen. Doch damit für alle Arbeits- und Einkommensmöglichkeiten geschaffen werden, müssen alle entschieden weniger arbeiten!

Das allerdings können sich gerade diejenigen Erfolgs- und Karrieremenschen nicht vorstellen, die an ihrer Arbeit und Karriere suchthaft fest halten. Weil viele von ihnen in Entscheidungspositionen sitzen, sind von deren Seite keine neuen Denkanstöße zur Arbeitszeitreduzierung und -flexibilisierung zu erwarten. Nicht nur, weil sie Angst haben, selbst ihre viele Arbeit zu verlieren, sondern weil sie sich gar nicht vorstellen können, was Menschen mit der vielen freien Zeit anfangen sollten. Zu sehr sind Karrieremenschen im Korsett fester und langer Arbeitszeiten gefangen und glauben, das sei richtig so. Dadurch haben sie verlernt, Zeiten des Nichtstuns zu genießen und sie selbstbestimmt auszufüllen, mit Dingen, die vielleicht gar nichts »Effektives« bringen, aber viel Spaß und Entspannung bereiten.

Die Kraft zum Wandel

Die Erfolgs- und Karrieremenschen werden es nicht sein, die einen gesellschaftlichen Wandel von der Erfolgsgesellschaft hin zu einer »Lebensgesellschaft« einleiten werden. Vielleicht wird es eine ganz andere Gruppe sein, die sogar beste Voraussetzungen für einen solchen Wandel mit sich bringt: die arbeitslosen Jungakademiker/innen.

Ihre Zahl ist deutlich im Steigen begriffen. Immer mehr junge Menschen streben eine Universitätsausbildung an, nicht zuletzt deshalb, um Jugendarbeitslosigkeit zu vermeiden. Durch aufeinander aufbauende Schulbesuche überbrücken sie die Arbeitslosigkeit, bis sie schließlich an den Universitäten landen. Dort machen sie ihre Abschlüsse in relativ fortgeschrittenem Alter. Auf Grund ihrer langen Ausbildungszeit aber haben Studienabgänger/innen zwei sehr wichtige Dinge gelernt: selbstbestimmt mit Zeit umzugehen und mit wenig Geld auszukommen. Während für Menschen, die nach jahrelanger Arbeit plötzlich arbeitslos werden, die viele freie Zeit ein Problem ist, gilt dies für arbeitslose Jungakademiker/innen nicht, wie Arbeitslosenstudien zeigen.[65] Weil viele, wenn sie die Universität verlassen, bereits Ende 20/Anfang 30 sind, haben sie längst damit begonnen, ihren Lebenssinn nicht ausschließlich in der Arbeit zu sehen, und bringen so eine dritte wichtige Voraussetzung für den Umstieg zu einer Lebensgesellschaft mit.

Studien zeigen, dass Hochschulabgänger/innen heute keineswegs mehr Geld und Karriere an oberster Stelle ihrer Wertehierarchie ansiedeln, wie das noch bei ihren Eltern der Fall war.[66] Sie wollen arbeiten, doch es soll eine Arbeit sein, die Spaß macht und mit der sie sich identifizieren können. Sie wollen etwas inhaltlich Sinnvolles tun und sie wollen viel Zeit zu ihrer freien Verfügung. Arbeiten um jeden Preis, auf Kosten von Freizeit und Familie, und nur noch für die Firma zu leben, dazu sind sie nicht mehr bereit.

Eine vierte wichtige Voraussetzung bringen ebenfalls Universitätsabgänger mit: Eine ganze Reihe von ihnen hat bereits mehrere Berufsausbildungen hinter sich, angefangen von einer Lehre über ein Fachhochschulstudium bis hin zu einem oder gar zwei Universitätsabschlüssen. Sie sind mehrfach qualifiziert und vielseitig erfahren und haben somit den traditionellen Karriere-machern einiges voraus. Sie sind nicht festgelegt auf eine bestimmte berufliche Richtung und deshalb wahrscheinlich auch im Denken offener und nicht lediglich am Althergebrachten interessiert. Auf Grund ihrer Wertvorstellungen ist anzunehmen, dass sie eher bereit sind, neue Arbeitsformen und Arbeitszeitmodelle auszuprobieren, bei denen es nicht mehr lediglich um Erfolg und Karriere geht, sondern auch um Lebensqualität.

Noch ist die Idee der Arbeits- und Erfolgsgesellschaft »normal« und wegen der hohen Arbeitslosigkeit unterwerfen sich viele junge Leute den Zwängen des Arbeitsstresses, um den Arbeitsplatz, sobald sie einen haben, nicht wieder zu verlieren. Doch je mehr die Zahl der Arbeitslosen steigt, umso mehr können diese auf die Politiker Druck ausüben und eine grundlegende Umstrukturierung der Arbeitswelt einfordern, die ihnen das Überleben finanziell sichert und gleichzeitig genügend Freiraum für das eigene Leben gewährleistet. Sie könnten einen gesellschaftlichen Wandel vielleicht sogar schneller einleiten, als wir uns das heute vorstellen.

Zahlreiche junge Menschen versuchen sich in Selbstständigkeit. Im Zeitalter der elektronischen Heimarbeit brauchen sie dafür nicht unbedingt das große Startkapital. Damit haben sie die Chance, neue Arbeitszeitmodelle und neue Lebensstile auszuprobieren und umzusetzen. Jetzt schon gibt es Unternehmen, die für neue Arbeitszeitmodelle sehr aufgeschlossen sind. Und: Die Zahl derer, die von der Erfolgsgesellschaft die »Schnauze« voll haben, sich aber dennoch mit ihr zu arrangieren versuchen, weil (noch) keine besseren Alternativen in Sicht sind, ist ohnehin größer, als wir annehmen.

Vielleicht gehören Sie zu denjenigen, die an einem Umstieg von der Erfolgsgesellschaft hin zu einer »Lebensgesellschaft« interessiert sind? Dann sollten Sie sich nicht davor scheuen, sich für weniger Arbeit einzusetzen. Ob arbeitslos oder nicht, ob Akademiker/in oder nicht, Sie können zur Avantgarde der Lebensgesellschaft gehören! Sich den bunten Farben des Lebens zu öffnen und das Nichtstun und die Bequemlichkeit zu genießen, wäre das nicht viel schöner als das endlose und anstrengende Streben nach Erfolg und Karriere?

Warten Sie nicht darauf, bis »andere«, »die Firma«, »der Staat« oder »die Politiker« etwas an der Erfolgsgesellschaft und ihren Missständen ändern – Sie werden vergeblich warten. Eine Gesellschaft besteht immer aus Einzelnen, es werden Einzelne sein müssen, die sich zusammentun und Veränderungen nicht nur fordern, sondern ganz konkret bei sich selbst mit Veränderungen anfangen.

Vielleicht blättern Sie noch mal zurück zu den jeweiligen Gedankenspielen, die ich in den einzelnen Kapiteln entworfen habe. Dort finden Sie bereits genügend Anregungen, um sich dem Erfolgs- und Karrierestreben zu entziehen. Probieren Sie sie aus! Tragen Sie fröhliche Farben! Widersetzen Sie sich den schizophrenen Verhaltensaufforderungen und fragen Sie sich immer wieder: »Wie wichtig ist es (mir), dieses und jenes zu machen?« Das »mir« steht in Klammern, weil es oft auch darum geht, die Belange der Firma oder die Bedürfnisse anderer Menschen zu berücksichtigen – letztendlich sind aber immer Sie es, der oder die sich für ein bestimmtes Verhalten entscheiden muss.

Lösen Sie sich von den Zwängen nach Prestige und Statusgütern! Wenn Sie wissen, wer Sie sind und was Sie können, ist das genug. Achten Sie auf Ihre Gefühle! Genießen Sie die Gegenwart, statt in der Zukunft zu leben! Machen Sie pünktlich Arbeitsschluss! Gestehen Sie sich Zeiten des Nichtstuns zu, mit gutem Gewissen! Erfüllen Sie sich das Bedürfnis nach einem stressfreien, bequemen Leben, das Ihnen Spaß macht, anstatt Ersatzbefriedigungen über Leistung und Erfolg zu suchen!

Wenn Sie diesen Aufforderungen nachkommen, wird Ihr Selbstwertgefühl gestärkt ebenso wie Ihr Selbstvertrauen und Ihr Selbstbehauptungsvermögen. Dann, und nur dann, werden Sie souverän mit sich und Ihrem Leben umgehen – auch ohne Erfolg!

Dank

Mein Dank zu diesem Buch geht an diejenigen, die mir ein Interview über Erfolg gewährten und mir mit großer Offenheit von ihrer Beziehung zum Erfolg berichteten. Ferner bedanke ich mich ganz außerordentlich bei Dr. Ursula Winkler, die mir bei der verständlichen Manuskriptgestaltung eine wichtige Hilfe war.

Anmerkungen

1 Zu den folgenden farbpsychologischen Ausführungen vgl. Frieling, H., 1981, Mensch und Farbe, Göttingen, Murter-Schmidt.

2 Duden, 1986, *Die Rechtschreibung*. Mannheim, DUDEN Verlag. Wahrig, G., 1979, *Fremdwörterlexikon*, Gütersloh, Bertelsmann.

3 Identität und Namen aller in diesem Buch beschriebenen Personen sind abgeändert; Ähnlichkeiten mit tatsächlichen Personen sind zufällig.

4 Coelius, C., 1993, *Fit fürs Assessment Center*. Hamburg, CC-Verlag.

5 Luthans, F., 1992, *Organizational Behavior*. Singapore, McGraw Hill.

6 Bateson, G., 1959, »Cultural problems posed by a study of schizophrenic process«. In: A. Auerback (Ed.), *Schizophrenia: An integrated approach*. New York, Ronald Press.

7 Laing, R. D., 1983, *Das geteilte Selbst*. Köln, Kiepenheuer & Witsch.

8 Laing, R. D., 1983, a.a.O., S. 92.

9 Maslow, A.H., 1943, »A theory of motivation«. *Psychological Review*, 50, S. 370–396.

10 Vgl. Asanger, A. & Wenninger, G., 1983, *Handwörterbuch der Psychologie*, Weinheim, Beltz.

11 Hall, D. T. & Nougaim, K. E, 1968, »An examination of Maslow's need hierarchy in an organizational setting«. *Organizational Behavior and Human Performance*, 3, S. 12–35.

12 Zitiert nach Watzlawick, P., 1992, *Anleitung zum Unglücklichsein*. München, Piper.

13 Vgl. Limerick, D. & Cunnington, B., 1993, *Managing the New Organisation*. San Francisco, Jossey-Bass.

14 Arndt, R., 1993, *Geschäftsfreundschaften. Die menschliche Verbindung als Erfolgsfaktor.* München, mvg.

15 Secretan, L. H. K., 1997, *Soul-Management. Der neue Geist des Erfolgs – die Unternehmenskultur der Zukunft.* München, Lichtenberg.

16 Adler, A., 1980, *Individualpsychologie. Praxis und Theorie der Individualpsychologie.* Frankfurt/M., Fischer.

17 Miller, A., 1981, *Am Anfang war Erziehung.* Frankfurt/M., Suhrkamp.

18 Asanger, A. & Wenninger, G., 1983, a.a.O.

19 Tracy, D., 1990. *Die Machtpyramide. Wie man Macht gewinnt, indem man sie abgibt.* München, mvg.

20 Gross, W., 1995, *Sucht ohne Drogen.* Frankfurt/M., Fischer.

21 Baudrillard, J., 1988, *Selected Writings.* Cambridge, Polity Press.

22 Goodwart, D. E. & Zatura, A., 1990, »Assessing Quality of Life in the Community: An Ecological Approach«. In: W. A. O'Connor & B. Lubin (Eds.), *Ecological Approaches to Clinical and Community Psychology.* Malabar, Krieger.

23 Hörning, K. H., Gerhardt, A. & Michailow, M., 1990, *Zeitpioniere. Flexible Arbeitszeiten – neuer Lebensstil.* Frankfurt/M., Suhrkamp.

24 Ulich, D. & Mayring Ph, 1992, *Psychologie der Emotionen.* Stuttgart, Kohlhammer.

25 Ulich, D. & Mayring Ph., 1992, a.a.O.

26 Vgl. dazu Plattner, I. E., 1996, *Selbstbewusstsein im Beruf.* München, Knaur.

27 Goleman, D., 1996, *Emotionale Intelligenz.* München, Hanser.

28 Salovey, P. & Mayer, J. D., 1990, »Emotional Intelligence«, in: *Imagination, Cognition and Personality*, Vol 9 (3), S. 185–211.

29 Vgl. Ulich, D. & Mayring, Ph., 1992, a.a.O.

30 Janis L.L. & Mann, L., 1977, *Decision making. A psycho-*

logical analysis of conflict, choice and commitment. New York, The Free Press.

31 Ulich, D., 1989, *Das Gefühl*. München, Psychologie Verlags Union.

32 Watzlawick, P., 1992, a.a.O.

33 Vgl. Edding, F., 1990, »Weiterbildung für alle?« In: W. Wittwer (Hrsg.), *Annäherung an die Zukunft. Zur Entwicklung von Arbeit, Beruf und Bildung.* Weinheim, Beltz.

34 Fielding, H., 1997, *Schokolade zum Frühstück*, München, Goldmann.

35 Vgl. dazu Benard, C. & Schlaffer, E., 1991, *Männer.* Rowohlt, Reinbek bei Hamburg; dieselben, 1991, *Rückwärts und auf Stöckelschuhen ... Können Frauen so viel wie Männer?* Kiepenheuer und Witsch, Köln.

36 Schreiner, C., *Wenn Frauen zu viel arbeiten.* München, dtv.

37 Plattner, I. E., 1990, *Zeitbewusstsein und Lebensgeschichte*. Heidelberg, Asanger.

38 Plattner, I. E., 1998, *Die Hoffnung bleibt.* Zürich, Kreuz.

39 Plattner I. E., 1996, *Zeit haben. Für einen anderen Umgang mit der Zeit*. München, Knaur.

40 Lewin, K., 1953, »Zeitperspektive und Moral«. In: Ders.: *Die Lösung sozialer Konflikte.* Bad Nauheim.

41 *Amica*, 1997, Heft 2, S. 40.

42 Friedman, W. & Rosenman, R. H., 1975, *Der A-Typ und der B-Typ.* Reinbek, Rowohlt.

43 Lazarus, R. S. & Launier, R., 1978, »Stress-related transactions between person and environment«. In: L. A. Pervin & M. Lewis (Eds.), *Perspectives in interactional psychology.* New York, Plenum.

44 Elkind, D., 1992, *Das gehetzte Kind.* Bergisch Gladbach, Bastei-Lübbe.

45 Laermann, K., 1975, »Alltags-Zeit. Bemerkungen über die unauffälligste Form sozialen Zwangs«. *Kursbuch*, 41, S. 87–105.

46 Laing, R. D., 1983, a.a.O., S. 27.

47 Helgesen, S., 1992, *Frauen führen anders. Vorteile eines neuen Führungsstils.* Frankfurt/M., Campus.

48 Vgl. Metzger, W. (Hrsg.), 1974, *Handbuch der Psychologie,* 1. Band. Göttingen, Hogrefe.

49 Zitiert nach Thompson, E. P., 1973, »Zeit, Arbeitsdisziplin und Industriekapitalismus«. In: R. Braun (Hg.), *Gesellschaft in der industriellen Revolution.* Köln, Kiepenheuer & Witsch, S. 81–112.

50 Cooper, J. D. 1990, *So schafft man mehr in weniger Zeit.* München, mvg.

51 Vgl. Plattner, I. E., 1996, a.a.O.

52 Fassel, D., 1994, *Wir arbeiten uns noch zu Tode. Die vielen Gesichter der Arbeitssucht.* München, Knaur, S. 19/20.

53 Gross, W., 1995, a.a.O.

54 Vgl. Fassel, D., 1994, a.a.O.

55 Richter, B., Gößmann S. & Steinmann, H., 1984, »Arbeitssucht im Unternehmen – Zur Genese und einigen personalwirtschaftlichen Konsequenzen«. *Diskussionsbeiträge, Heft 4 des Lehrstuhls für Allgemeine Betriebswirtschaftslehre und Unternehmensführung der Universität Erlangen-Nürnberg.*

56 Zu den folgenden Ausführungen vgl. Statt, D. A., 1994, *Psychology and the world of work.* MacMillan.

57 Zitiert nach Thompson, E. P., 1973, »Zeit, Arbeitsdisziplin und Industriegesellschaft«. In: Braun, R. u.a. (Hrsg.), *Gesellschaft in der industriellen Revolution.* Köln, Kiepenheuer & Witsch, S. 81–112.

58 Weber, M., 1934, »Die protestantische Ethik und der Geist des Kapitalismus«. In: Ders., *Gesammelte Aufsätze zur Religionssoziologie.* Tübingen.

59 Böll, H., 1997, »Anekdote zur Senkung der Arbeitsmoral«. in: Ders.: *Erzählungen 1937–1983.* Köln, Kiepenheuer & Witsch.

60 Smith, A., 1982, *On the Wealth of Nations*. Harmonds-worth, Penguin.

61 Beck, U., 1986, *Risikogesellschaft. Auf dem Weg in eine andere Moderne*. Frankfurt/M., Suhrkamp.

62 Parkinson, C. N., 1994, *Parkinsons neues Gesetz*. Rein-bek bei Hamburg, Rowohlt.

63 Beck, U., 1986, a.a.O.

64 Statt, D. A., 1994, a.a.O.

65 Ulich, D., u. a., 1985, *Psychologie der Krisenbewälti-gung – Eine Längsschnittstudie mit arbeitslosen Lehrern*. Weinheim, Beltz.

66 Vgl. *WirtschaftsWoche*, 1991, Nr. 19, S. 46–63. Ingle-hard, R., 1979 *Die stille Revolution*. Königstein, Athe-näum.

Peter Prange

Sieben Wege zum Misserfolg
... und eine Ausnahme von der Regel

Peter Prange hat ein ungewöhnlich kluges,
erstaunlich witziges Buch über den
ganz persönlichen Erfolg geschrieben:
wie er sich zuverlässig verhindern lässt
und wie man ihn trotzdem erreicht.
Der Autor erzählt von den wunderlichen
Wegen, die wir auf der Suche nach
Glück und Erfolg beschreiten.
Und er macht Mut, auf unsere
innere Stimme zu hören.
Die garantiert praxiserprobten
7 Wege zum Misserfolg
sind ein unterhaltsamer und
hintergründiger Erfolgs-Kurs!

KNAUR